轉動

自律飛輪

不費力完成最想做的事

人生基本法結合個人OKR，開
飛輪效應運轉五大系統，讓自

自律不是目標，而是我們實現人生目標的工具。

Kris 著

自律五大系統

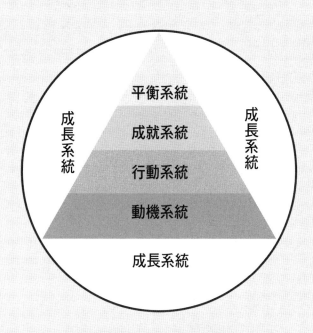

五大系統轉動自律飛輪，
徹底改變混亂的生活狀態，
成為更好的自己。

邁向成功人生——愈自律，愈自由

　　認識我的朋友都知道，我是個每日按表過日子的規律人。何時要做什麼事？我的時間規劃都很精準，同時，我不把恣意放縱當成自由的藉口，反而把愈自律愈自由的金句當成人生奉行的圭臬。

　　上次被朋友看到隨手記錄的一日作息表，他驚愕於我有「冥想」與「購物」的重要作息。冥想是一日開始與結束的儀式，購物是我對自己自律的有形獎賞。自律不是我拿來標榜成功人生的標籤，而是協助邁向成功人生的一項工具。至於成功的定義因人而異，我認為成功人生是實現「利他有愛」的生命價值。

　　作者 Kris 以生命影響生命，讓更多的人透過自律實現富足人生，這與德國哲學家雅斯貝爾斯（Karl Theodor Jaspers）的說法相似：「教育的本質意味著，一棵樹搖動另一棵樹，一朵雲推動另一朵雲，一個靈魂喚醒另一個靈魂。」當我們啟動內在驅動的自律，運用自律系統，就能創造飛輪效應。曾經有朋友對我說：你這樣一板一眼地過日子，像極苦行僧，真是太辛苦了。尤其，精準的日作息表，不容許生活有

一絲放縱，目標有一點誤差，看似執行規律習慣，實踐起來也太自虐了。如果，他也看到 Kris 在書中提及「個人平衡儀表板」的操作，就會知道：人生各階段都應該有動態評估自己成長重點的工具才對。當你建立身分的認同，自然能持之以恆，打造專屬的自律人生。

我喜歡股神巴菲特（Warren Buffett）的說法：「做你沒做過的事叫成長；做你不願意做的事叫改變；做你不敢做的事叫突破！」其實，活在規律的生活，一點都不虐心，最虐我的是——失控。當我無法掌握目標，就無法成長；無法執行任務，就無法改變；無法實現承諾，就無法突破，這才真讓我的人生虐心到極點。如何擺脫渾渾噩噩？做事不再三分鐘熱度？擺脫拖延的糾纏？作者以「自律金字塔」提供我們系統解方。找到自律的意義，善用 OKR 運用於個人成長的系統，並從成就系統、平衡系統，找到自律的入口和富足人生的平衡點。最後，透過成長系統，讓你不斷躍遷與進化——你有多自律，就能多自由。

德國作家赫塞（Hermann Karl Hesse）說：「命是弱者的藉口，運是強者的謙詞。」《轉動自律飛輪》這本書能在我們陷入迷惘、混亂的時刻，給予我們人生提燈的指引，找到谷底反彈的力量，當你善用自律決定你的行動，就能改變事情的結局和自己的命運。你說，想要邁向成功人生，是不是愈自律，就能愈自由呢？

宋怡慧

作家、新北市立丹鳳高中圖書館主任

推薦序
自律，終身成長者的標配

　　這是一個終身學習、終身成長的時代，也是一個學習焦慮、成長焦慮的時代。

　　我們都懷著對未來的期待，讀書、聽課、工作、健身、努力過著想要的自由生活……但卻發現似乎每一條路走起來都沒有想像中美好。業績不突出，焦慮；讀書讀不下去，焦慮；健身一曝十寒，焦慮……那些看似讓人嚮往的目標，最終在猶豫糾結、焦慮迷茫中不了了之。

　　而這份焦慮的最大根源，其實在於人的惰性。

　　山本耀司曾經說過一句話，我深有同感：「我從來不相信什麼懶洋洋的自由。我嚮往的自由，是透過勤奮和努力創造出來更廣闊的人生。」

　　自律得自由，是真理。

　　2015 年 12 月 12 日，我經歷了短暫的休息之後，開啟了人生的第三次創業之路，重新投入我熱愛的線上教育產業，創辦了共讀平台「有書」。

我們推出的第一個活動是「有書共讀行動計劃」，倡導書友一天讀書一小時，一週讀完一本書，每週寫一篇讀書筆記。當時的宣傳語是：「組隊對抗惰性，每週共讀一本書」。

既然要組隊讀書，就一定要為每一本書找到合適的隊長。有書上每一本書的解讀，都需要短時間內拆解為十篇高品質的領讀文章，讓書友真正在領讀中獲得書的精髓。這對於一個領讀人而言，無疑是巨大的挑戰。

因此，我們團隊花了大量的精力，去四處尋找、篩選具有優質輸出能力的領讀人。

其中一個老面孔，便是 Kris。

沒有記錯的話，Kris 至今依然保持著有書平台的領讀紀錄，短短一年多的時間，他完成了五本書的領讀，一共五十篇優質文章，且篇篇佳作，多次被人民日報等媒體轉載。

我本以為，Kris 應該是一位職業領讀人。但後來才知道，他當時還在一家中央企業的總部工作，白天上班，晚上照顧兩個孩子，只能在深夜和凌晨完成領讀稿。因此我們團隊和 Kris 的稿件溝通，通常也都是在這兩個時段。把時間利用得如此之好，Kris 的自律可見一斑。

2016 年年底，我們聯合千萬書友，舉辦了「有書年度最佳領讀人」評選，Kris 名列前茅，獲得了「年度領讀人」的獎盃。即使當時 Kris 因故沒能到場領獎，但有書早已經是他的娘家人了。

轉眼數年過去了，有書書友的數量從零到了現在的六千萬，千萬書友因為有書而愛上了閱讀，也透過閱讀改變了他們的生活。我們的內容形式也從當時的微信圖文，不斷延伸至 App、影片、社群、知識服務；我們也開啟了「領讀人千人計劃」，構建了一個更加全面多元、引領千萬人成長的共讀平台。

　　Kris 也在兼職寫作的狀態下，聚集了六十萬微信公眾號讀者，並且毅然辭去了穩定的工作，選擇了創業之路。就像他自己所說，之所以辭職創業，是因為找到了自己的使命，那就是「讓更多的人提升認知、行動改變，透過自律實現富足人生」，這份篤定的內驅力，會讓自律更加強大。

　　這讓我想起了當時選擇經營有書的初衷：有太多人想讀書，卻因為各式各樣的原因無法實現，而有書要做的，就是讓更多的人戰勝惰性，每年閱讀五十二本書，成為期待中的自己。

　　不忘初心，砥礪前行。這或許是來自於創業者之間的惺惺相惜。

　　第一時間拿到 Kris 的新書，認真閱讀後，對他在書中提出的「自律金字塔模型」印象深刻。市面上個人成長領域的書籍不少，但像《轉動自律飛輪：不費力完成最想做的事》這樣將個人的實踐、學員的回饋提煉成原創方法論的，極為少見。

　　動機系統，強調要從根本上解決自律的動機問題；行動系統，給出了切實可行的方法論，還首創了個人 OKR 目標管理系統；成就系統，

透過正向回饋的主動設計讓自律變得輕鬆甚至上癮；平衡系統，則追求一種動態均衡的人生狀態；成長系統，則是一切自律的終極意義。

這本書不僅有清晰的自律理論，還有 Kris 本人的自律實踐，更有大量學員的蛻變案例，這也來自於 Kris 多年來對於自律的思考和實踐，以及在創辦自律行動社群的過程中累積的豐富經驗。

在有書創辦的這幾年裡，有無數個讓人感懷的書友故事。而作為 Kris 的娘家人，我也為 Kris 新書的出版感到開心和驕傲。希望每一位讀者，都能夠透過這本書，用自律實現自己的富足人生。

腹中有書氣自華，唯有行動可破焦慮。

共勉。

雷文濤
有書創始人

自序
搞定自律五大系統，讓你的自律飛輪轉起來！

你好，這是一本關於自律的書。

寫下這些文字，我大概花了半年的時間，但對自律的學習、提煉、行動和總結，我卻用了十幾年之久。

熟悉我的讀者朋友喜歡給我貼上「自律達人」的標籤，這多半源於數年前我寫過的一篇網路點擊量接近五千萬的文章——〈自律十年，是一種怎樣的體驗？〉。

文章開頭是一張老照片，記錄了我在 2005 年大一時給自己寫下的一個十年之約：「不能不趁三十之前，立志猛進也！」

在「自律得自由」這句話還沒流行之前，身邊的親朋好友給我最多的標籤，不是自律，而是：「自虐」。

因為從小到大，包括求學、工作、生活，每隔一段時間我都會主動給自己來一次「自虐計畫」，這些計畫在大家眼中大多都屬於另類選項。

小學的時候，我明明是個乖乖牌好學生，卻突然跑去參加武術隊，

每天聞雞起舞，日落訓練，硬是參加了市內的武術比賽才罷休。這次自虐的理由，只是因為班上有個調皮的男同學向我挑戰：「你們這些只知道學習的好學生，身體素質都不行。」

大學的時候，我從山西的一個小縣城來到北京讀書，在某所財經大學就讀會計系，當年學校裡流傳一句話：「站在求職食物鏈最頂端的，是會計男。」想賺錢，可以去券商、銀行；想穩定，可以去各大中央企業、國營企業；想留學，拿全額獎學金的可能性最高。但我最終的選擇是「做個志願者」，去山區支援教育與教學管理度過一整年。

在研究生畢業求職期間，因為在一次團體面試中全程一語不發，被其他人虐得體無完膚，我硬是從面試地點清華大學走了五公里回到學校，然後發憤研究各種筆試、面試技巧，從一個「面試弱雞」變成了一個「超級面霸」，半年時間拿下了十個《財星》世界 500 強 offer，還順帶成為一家求職面試機構的兼職培訓師。

在進入人人都羨慕的「穩定」中央企業之後，我卻始終有一種危機感，深知自己的能力配不上當時的年薪。在平穩度過了三年的職場新手期之後，我決定報考博士班繼續深造。由於妻子是全職主婦，因此我選擇報考難度更高的在職博士班（英語分數要高五分）。畢竟如果就讀全職博班，家裡就會失去唯一的收入。感謝妻子的理解，她帶著孩子回娘家待了兩個月，因為她知道，每天晚上我都忍不住想去陪孩子，根本無法保證學習時間。為此，我也跟妻子立下了軍令狀：「考

不上博士，提頭來見！」於是，我在兩個月的時間裡起早貪黑、瘋狂複習，成功考上了會計學系的在職博士班。

結婚之後，我漸漸地開始發福。有一天對著鏡子裡臃腫不堪的自己，我下定決心減重。接下來的一個月，戒糖、戒油、戒主食，每天的跑步量從三公里到五公里，再到十公里……硬是在三十天內瘦了整整十公斤，還完成了全程馬拉松比賽，用六塊肌來慶祝自己的三十歲生日。

之後，因為生二胎的經濟壓力，我開始嘗試把寫作作為副業，每天四點半起床讀書寫作，並且藉由一篇篇文章累積了數十萬的讀者，收入還因此有了近十倍的成長。也因為寫作，讓我找到了自己的人生使命，決定離開穩定的中央企業，開始了自己的創業冒險之旅。

類似的自虐經歷，其實還有很多。

但是寫這些，真的不是為了自誇，而是想讓你更加了解，這本書與其他的自律書籍有很大的差異，這一套自律飛輪的方法論背後，其實還站著一個真實的人，一個努力自律，但也間歇性「頹喪」的人；一個渴望「自律得自由」，但也時常焦慮的人；一個靠自律改變人生，但也經常迷茫而努力找出口的人。

那個人，就是我。

現在，我三十六歲了，回頭看我二十歲時寫下的那些文字，感覺真是有些用力過猛，但卻又偏執得可愛。

那麼，我當年的三十歲目標實現了嗎？

其實，實現與否已經不重要了，因為我的人生目標已經在這十多年中悄然發生改變，那就是：**用自律，實現富足人生。**

立志猛進不是目標，自律不是目標，自由也不是目標，真正的目標是**實現富足人生**。

富足人生的含義太過豐富，不只是一種人生的狀態，更是一種人生態度。在後續的閱讀過程，相信你會有更多的了解。

談到這個人生目標的改變，不得不提一個我堅持多年的習慣：寫週記。

每個週末，我都為自己空出一個獨處的時間和空間，讓自己靜坐在書房，深呼吸，打開電腦，找到那個已經累積三百萬字的文件夾，然後回憶和思考這一週的工作、家庭、生活，像看電影一樣，從中挑選出值得記錄和梳理的點，寫成我每期接近兩萬字的週記。

一開始，我只是小規模地在豆瓣分享自己的週記，後來我的週記逐步演變為週記訂閱社群，看我的週記成了社群內夥伴每週的固定儀式，甚至有人提出想要訂閱我未來十年的週記，讓我受寵若驚。

接著，從週記社群又衍生出後來的「Kris 的進化圈」知識星球、「108 自律行動營」、「OKR 目標管理營」、「個人品牌陪跑營」等各種社群活動，而現在我們對社群進行了全面整合，創辦了中國第一

家「行動服務」平台：一行 DoMore（微信搜尋：domore108），希望能夠為深陷行動焦慮的朋友提供持續的幫助、指導和服務。

而在與社群夥伴深度溝通的過程，我也更加深切和直接地體會到，大家對於自律這件事有太多的困惑和焦慮。

有的，苦於找不到自己的人生意義，每一天都感覺渾渾噩噩——**人生焦慮**。

有的，被忙碌的工作拖得精疲力盡，朝九晚九每週工作六天的「996」變成常態，但卻始終找不到職涯突破口——**職涯焦慮**。

有的，在工作和家庭之間拉扯掙扎，「平衡兼顧」成為一種奢望——**平衡焦慮**。

有的，渴望學習，追求終身成長，但卻變成了囤課的「小松鼠」，「買課如山倒，聽課如抽絲」——**知識焦慮**。

有的，總是陷入三分鐘熱度的泥淖，在間歇性自律和崩潰中，不斷否定自己——**自律焦慮**。

然而所有的焦慮，歸根究柢就是**行動焦慮**。

我也曾經有過這種親身體驗，知道那種無助的痛苦。**但在「立志猛進」的那些年裡，我依靠自律和行動，從那個泥沼裡逃出來了。**

透過自律，我愛上了跑步，持續健身，也為我三十歲的腹肌感到自豪。

透過自律，我在大學畢業時拿到了北京市優秀畢業生，碩士研究

生畢業時擁有了十個《財星》世界 500 強企業的 offer。

透過自律，我徹底擺脫困擾已久的拖延問題，每天都開開心心地「跳著踢踏舞去上班」。

透過自律，我利用下班時間陪伴孩子讀書玩耍，滿滿兩排大書架上的五百多本書，孩子都已經讀完了。

透過自律，我在孩子熟睡的深夜和清晨寫作，用兩年時間，在兼職寫作的狀態，公眾號「Kris 在路上」（微信搜尋：krisgtd）擁有了六十萬讀者。

透過自律，我還找到了自己的人生使命，開始嘗試幫助更多的人，以自律實現富足人生。

我很感激十多年前的那個目標，也感激十多年來堅持自律的自己，如果沒有這些自律，我不可能獲得那麼多的個人蛻變和進化。

我更加知道，行動才是破除所有焦慮的關鍵，自律才是實現富足人生的捷徑。

那麼，我為什麼不把自己十多年學習、實踐的自律理念和方法，傳遞給更多的人，讓更多的人行動起來，破除焦慮，突破僵局呢？

於是，就有了你手上的這本書。

與其說這是一本講自律的書，不如說這是一個平凡人如何透過自律實現人生蛻變的故事和方法指南。

在書中，我將以「自律金字塔模型」為綱，結合讀者最常遇到的行動焦慮場景，提供相對應的自律解決方案。

我將其稱為「自律五大系統」，其中不同的系統對應了不同的自律階段，同時各系統之間也相互作用，使我們進入自律的正向循環，如圖所示。

自律金字塔模型

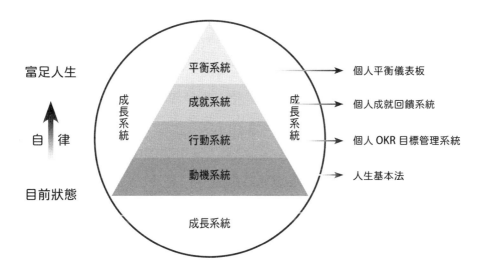

飛輪效應（Flywheel Effect）在商業領域備受推崇。

想像有一個巨大的飛輪，不是我們常見的那種簡單的輪子，而是由許多不同零件組合而成。

我們想讓這個靜止的飛輪轉動起來，在一開始的時候，必須花很大的力氣，一圈一圈不停地推，每一圈都很費力。但是，當我們持續推動之後，飛輪的每一個零件都開始自發地轉動，而飛輪整體就會轉動得愈來愈快。

當飛輪的速度達到某個臨界點，即使你不再花費很大的力氣，飛輪也可以快速轉動，而且稍加助力就能讓它不停運轉——這就是「飛輪效應」。

我們的自律系統就如同一個飛輪，其中包含五個自律子系統，我們要做的，就是不斷地在這五個方面持續向前推動，一開始同樣非常難，會花費許多時間和精力，但是當持續去做、去推進，達到一定階段之後，就可以形成我們的自律慣性，接下來維持自律狀態，就會輕鬆許多。

你可以把自己的自律狀態想像成五個互相咬合的齒輪，要讓這些齒輪轉得更快，就需要持續推動每個系統。

總體來看，自律五大系統是一個遞進且循環的關係。我始終相信：認知決定行動，行動決定結果，結果決定命運。

自律五大系統就是一個人在自律路途上，從認知到行動、從行動到結果、從結果到平衡，始終不斷成長的過程。

1. 動機系統──認知翻轉期

許多人對自律有個錯誤認知，那就是：把自律當作目標。

這個目標或動機本身就是錯誤的，只會讓你在自律的路上非常痛苦。

事實上，動機系統就是希望能夠讓你在認知層面翻轉，真正認識和理解什麼是自律、自律的真正動機是什麼。

這個篇章將會引導你完成一個很重要的實踐成果，叫作「人生基本法」，包括你的人生使命、人生目標、人生原則以及人生策略。這四個部分會形成一個人生的循環，會讓我們從更高層次去思考自己的一生，思考我們的自律。

或許你會好奇，講自律，怎麼還講到人生了呢？

沒錯，本篇是我們整本書的根基，許多人就是沒有理清自己的自律動機到底是什麼，結果陷入了形式化自律的陷阱。因此，如果可能，一定要找一個安靜的時間和空間，寫下你的「人生基本法」，然後你才會對自己的人生有全新的思考。

2. 行動系統——行動破冰期

翻轉認知層面之後，我們將進入行動破冰期。

知識放著不用，永遠都只是垃圾，只有行動才能讓人產生改變。本篇我將導入 OKR（Objectives and Key Results，目標與關鍵成果）這個非常重要的目標管理工具，讓我們的行動更加有的放矢，更有挑戰性，更加科學。

而 OKR 也將是貫穿整本書的自律工具。

我在國企工作時就嘗試帶領團隊使用 OKR，而在開始創業之後，同樣也將 OKR 作為公司的重要管理方式，並且還推出了「OKR 目標管理營」社群，帶領更多的人利用 OKR 這個工具來實現個人的目標管理。

在長期學習、實踐、優化的過程，無論是團隊個人的績效表現，還是公司整體的業務發展，都在 OKR 的幫助之下，有了超乎想像的跳躍性成長。

甚至本書的完成，就是我當時痛定思痛確定的一項核心 OKR。作為一位創業者，有太多的業務和管理工作要處理，寫書這件事自然也就被束之高閣。如果沒有 OKR，我想這本書極有可能還停留在美好的幻想之中。

OKR 不僅是公司發展，更是個人成長的超級利器，非常值得推薦。

3. 成就系統──結果突圍期

接下來是成就系統，也就是結果突圍期。

許多人會有這樣的困惑，覺得自己經常是間歇性自律，努力了一段時間就要「頹喪」好久，成就系統就是來解決這個問題。

為什麼我們會有間歇性的「頹喪」？

很重要的原因是，在堅持了一段時間之後，並沒有獲得成績或是正向的回饋。

就像許多人很喜歡滑抖音，一滑就停不下來，正是因為抖音在一分鐘之內就提供了正向回饋，也許是一個知識點，也許是一個好玩的反轉結局，這種刺激的頻率非常高，而這些刺激讓人分泌大量的多巴胺，使人感覺很愉悅，完全停不下來。

但是，自律這件事，尤其是當我們設定很多目標時，並不會像滑抖音那樣輕輕鬆鬆就可以獲得正向回饋，因此很多時候我們持續了一段時間，發現好像完全沒進步，於是就「頹喪」了。

因此，建立里程碑，讓自己達成階段性成就、成果非常重要，能夠給我們正向回饋，並促使我們繼續進行下去。

成功比失敗更重要，這種持續的成就，能夠讓我們持續地找到自律的入口，避免間歇性自虐。

4. 平衡系統──動態均衡期

第四個系統是平衡系統。

這裡我導入了「個人平衡儀表板」的概念，希望大家能夠從人生的幾個關鍵面向進行整體分析和判斷，達到實現人生的平衡，這是一種很美妙的人生狀態，我把它稱為：富足人生。

我們會發現，許多人財務自由了，但並不開心；許多人工作表現出色，但家庭一團糟；許多人身材超級棒，但事業卻停滯不前……這些都不是我們樂見的狀態。

我們要的是富足人生，這就需要找到那個動態均衡的點。

5. 成長系統──不斷進化

成長系統就很好理解了。

自律並非一蹴可幾，自律的過程就是成長的過程。

當你以成長心態去看待這個世界，就會呈現主動積極的人生狀態，你的人生是充盈的，而不是迷茫的。反之，當你以定型心態去看待人生，就會永遠把自己困在一個孤獨的圈子裡。

要讓自己不斷成長、不斷進化，要不斷跟自己較勁，這樣才能真正實現富足人生的目標。

以上就是本書的主要框架。

這裡只是簡要導引，接下來我會更加深入地從各個系統，包括系統下的各個分支，說明自律的系統性框架。

這些系統性框架和理論，絕非我個人憑空想像，而是學習並借鏡了許多管理學、心理學大師、前輩的理論與實踐，例如對我影響極深的彼得・杜拉克（Peter Drucker）、史蒂芬・柯維（Stephen Covey）、維克多・弗蘭克（Viktor Frankl）、稻盛和夫、米哈里・契克森米哈伊（Mihaly Csikszentmihalyi）、博恩・崔西（Brian Tracy）等，感謝這些大師，讓我們有機會學習和接觸到這些「巨人的工具」，但是我們作為一般個體，也絕不應該是「拿來主義」，而要學會將這些思想和方法的精髓進行二次加工，改造成屬於自己的最佳成長工具。

為了讓大家更快速地掌握重點，我在每一章的結尾都有「本章知識覆盤」。當然，書中絕不只有理論和方法，還會穿插真實的故事案例。這些年，無論是我自己，還是我的自律社群，都有非常多的實例分享，我的困惑、他們的困惑，多半也是你的困惑。我的焦慮、他們的焦慮，多半也是你的焦慮。

也感謝我們社群的每一位成員，無論是天使般的教練團、營運官，還是可愛的學員，他們在社群互動的過程對這個理論提出了許多建設性的意見，讓這本書得以面世，謝謝你們！

此外，也要著重感謝參與本書編輯出版的解文濤、康寧、宋歌、

祝子慧、向鏡伊等各位老師，是你們智慧和付出，讓這本書得以付梓出版，並且可以和台灣的各位讀者見面。

　　我也希望本書可以成為一本人人隨時可用的自律手冊，在迷茫、困惑、拖延，甚至崩潰時，翻開其中的一頁，找到那個和你相同的故事或場景，找到那個可以拯救你的方法，付諸實踐，觸底反彈。

　　隨著個人的成長與體悟，我的人生使命和目標一直在迭代。而在創業之後，我的人生使命也隨之改變，那就是：**以生命影響生命，以行動啟迪行動，讓更多的人擁有改變的力量！**

　　我也相信，這本書，將會是你實現人生改變的一本神奇之書，期待你去挖掘書中的方法、工具，同時更加期待的是，你持續不斷的行動和改變。

　　最後，我要把感謝送給我的家人，我的父母，我的妻子，以及我的孩子們，是你們的存在，讓我感受到生命的力量和世界的精彩，遇見你們是我人生中最大的幸運和幸福！

Kris

2022 年 9 月 12 日修於北京

推薦序┃邁向成功人生──愈自律，愈自由　宋怡慧　005

推薦序┃自律，終身成長者的標配　雷文濤　007

自序┃搞定自律五大系統，讓你的自律飛輪轉起來！　011

PART

1

認知翻轉篇　**動機系統**

第1章　以終為始┃沒有內驅力的自律，都是間歇性自虐　034

　　　　附錄┃「人生基本法」範本　050

第2章　極度開放┃撕掉懶惰標籤，掃除自律障礙　055

第3章　主動積極┃隨時隨地，變身自律達人　070

PART **2**

行動破冰篇　**行動系統**

第 4 章　目標管理┃個人 OKR，開啟自律之門　090

第 5 章　覆盤┃高頻、深度、持續覆盤，自律最強補給站　112

第 6 章　時間管理┃工具三次迭代，人生三種進階　125

PART

3

結果突圍篇　　**成就系統**

第 7 章　正向回饋 ┃ 成就里程碑，打造遊戲般的自律上癮　142

　　　　附錄 ┃「個人成就回饋系統」範本　155

第 8 章　專注力 ┃ 找到你的自律最優體驗　157

第 9 章　微習慣 ┃ 確定小目標，養成微習慣，實現大自律　174

PART

4

動態均衡篇　　**平衡系統**

第 10 章　動態均衡 ┃自律，確保個人平衡儀表板正常運轉　194

第 11 章　精力管理 ┃四層次精力掌控，才能做到自律　208

第 12 章　三角平衡 ┃思考、學習、行動──想到、學到、做到　223

PART

5

終身成長篇　**成長系統**

第 13 章　加速成長 ▎三種顛覆認知的思維，放大自律力　242

第 14 章　逆商 ▎反脆弱能力決定人生的高度　255

第 15 章　成長進化 ▎人生的終極目標是終身成長　270

後記 ▎最後的建議：請忘掉「自律」這件事　283

認知決定行動，行動決定結果，結果決定命運。

我們自律與否，取決於底層的認知。當我們苦苦追問「怎麼做才能實現自律」這個問題時，其實不妨先問問自己另一個問題，也是最關鍵的一個問題：我為什麼要自律？——也就是，你的自律動機到底是什麼？

許多人口中喊著「自律得自由」，行動上也確實這麼做了，每天早睡早起、跑步閱讀、高效打卡，但過不了多久就會被打回原形，因為他們發現自律並沒有讓他們更自由，反而在形式化的自律中失去了生活的樂趣和人生的方向，最後發出一聲長嘆：「我這麼費力地自律，到底為什麼啊？」

因此，自律五大系統的第一個系統，即動機系統，就是要從最本質、最基礎、最底層的認知層面出發，扭轉我們對於自律的錯誤認識，找到自律本身的動機和意義，實現認知翻轉。

99 離開動機談自律，最終只會讓自己深陷於形式化的自律中，變得非常痛苦。66 ———— Kris

認知翻轉篇

動機系統

• • • • • Keyword

使命與目標、極度開放、主動選擇

第 1 章
以終為始
沒有內驅力的自律，都是間歇性自虐

在我開辦的「108自律行動營」（為期108天的自律行動線上社群，以下簡稱「108」）的每一期開營直播，我都會隔著螢幕向學員提出一個問題：「你們加入108的目標是什麼？」

毫無意外，九成的答案都是：「我的目標是成為一個超級自律的人。」而我給大家的答案有些潑冷水：「**把自律當作目標，本身就是一種錯誤。**」

因為，自律這件事涉及的範圍太廣，難以簡單地從幾個角度來判斷一個人自律與否：有些人會把跑步健身視為自律，但你會發現許多健身的人不過是把陪伴家人的時間讓給了健身而已；有些人會把早睡早起看作自律，但許多早起的人不過是把玩遊戲或是追劇的時間從晚上改到早上而已；有些人會把高效工作當作自律，但你會發現許多「高效工作」不過是一些難度較小、價值較低的瑣碎小事而已……

這些看上去很完美的「自律者」，在面對他人給自己的「自律」評價時，其實是有些心虛的，因為他們心知肚明，這不過是一種形式化的虛假自律。而且，當這些形式化的自律進行到一定的階段，很容

易會進入一種疲憊倦怠期，因為他們在只顧悶頭趕路的過程，會愈來愈找不到出發的目標和意義。

因此，我們尋求自律認知翻轉的第一件事，就是暫且放下自律，從更長遠的生命維度來思考我們的人生。

1. 自律不是目標，而是實現目標的工具

可能會有人會問：「我就只是單純地想做到自律，你在這裡跟我談人生！談理想？」

注意！這句話其實就暴露了我們經常會在自律認知上犯的一個重大錯誤。由於太多人會片面地把自律這件事當作自己的目標，覺得只要能夠自律，人生就一定很精彩而圓滿。

看起來好像如此，但其實這背後的邏輯很有問題。如果單純地把自律當作目標，通常會出現以下兩個問題。

第一個問題：為了自律而自律，可能會讓你在一條錯誤的路上愈走愈遠。

試著設想一下：如果現在給你一個「超級自律切換按鈕」，只要按下去，你就能瞬間變成一個超級自律的人，你可以非常自律地完成許多以前不可能完成的任務，如：「早睡早起」、「持續健身」、「高效工作和學習」等。

聽起來是不是讓你很興奮？你似乎已經在過自己夢寐以求的生活了。別急，我先問你幾個問題：

（1）如果你誤入歧途，加入了一個非法傳銷組織怎麼辦？

即使你那麼自律，那麼認真負責地工作，努力地生活，但最後的

結果很有可能是被捕入獄，成為一個特別自律的囚犯。

（2）如果你非常自律地努力工作賺錢，以致沒有時間陪伴家人，可能會有什麼結果？

可能是你達到了財務自由，但卻失去了最愛的妻子和兒女。

（3）如果你非常自律地將時間和精力都投入家庭，做一個超級好老公、好爸爸，而公司客戶的飯局一概不去，會有什麼結果？

最可能的結果是，你贏得了家人的心，卻失去了工作和收入，進而影響到家庭生活的品質。

其實，類似的問題還有很多。我們會發現，如果把自律當作目標，很容易陷入一種極端的「只執行不思考」的狀態，忙著低頭趕路，卻忘記了思考和辨別自己的人生方向。

有一句話是這樣的：**錯誤的目標＋自律的行動＝一場災難。**

就像第二次世界大戰時的希特勒，他可是一個超級自律的人。人生三大愛好「抽菸、喝酒、吃肉」，他統統沒有，因為他覺得這些東西會影響自己的決策判斷與專注力。在第二次世界大戰期間，流傳這麼一句話：「三個老菸槍，打敗了一個不抽菸的。」那三個人就是蘇聯最高領導人史達林、美國總統羅斯福、與英國首相邱吉爾，那個時代，抽菸是一種人人可接受甚至嚮往的事，但希特勒卻菸酒不沾，可見他有多自律。

但問題是，極度自律的他走上了一條錯誤的路，方向出錯了，再自律的行動，結果都只會是一場災難，這不叫自律，而是偏執。

第二個問題：為了自律而自律，就像在填一個深不見底的大坑洞，遙遙無期，極為痛苦。

繼續剛才的假設，「你每天都在努力地完成這些自律目標，然後呢？你又要做什麼呢？」

你可能會說：「繼續保持這種自律狀態。」好，這個時候，問題來了，你會發現一件令人沮喪的事：從時間上看，自律這件事真的無窮無盡，好像永遠都沒完，如果真的如你所說，持續保持這種生活狀態，那麼，直到你離開人世的那一天，你的自律目標才算真正實現。

而現實情況是，**當人一直在做一件永遠看不到盡頭的事情時，是很難堅持下去。**

你可能開始意識到，原來將自律設定為人生目標，其實是在給自己挖一個深不見底的大洞，因為自律根本就不是一個可以實現的目標。

因此，基於以上兩個問題，我們在養成自律習慣之前，首先要做的，不是去學習實用方法，而是要花時間先認真思考和確立自己的人生方向和目標，這件事要比我們每天堅持早睡早起、學習時間管理重要許多。

接下來我們就來探討兩個概念，以進一步地理解。**第一個概念：「自律」。**

到底什麼才是自律呢？我們常說「自律得自由」，通常大家會覺得，所謂的自由就是「想做什麼就做什麼」。但其實，真正的自由是指「自律地執行計畫的事項」，這才是真正的自由。

我給自律下了一個定義，可供參考討論：**自律，代表需要以極度開放的心態、主動積極的態度，去面對痛苦、承擔責任、解決問題。自律，是幫助實現人生目標的方法、路徑和工具。幾乎所有的目標，都需要付諸自律的行動，才能夠達成。**

而當你把自律當作最終的人生目標時，其實就是本末倒置，只會讓自己更痛苦。

第二個概念：「人生目標」。當然，每個人的人生目標都不一樣。有的人渴望事業有成、實現財務自由；有的人希望家庭幸福、美滿一生；有的人可能就想著每天開心最重要。但是，請和我一起認真思考一下，我們的人生目標僅只是單一面向就夠了嗎？

我們可以試著去看看那些名人，或是想想身邊的朋友：許多財務自由的人，在實現這個目標之後，突然間就墮落迷茫了；許多以前渴望家庭的人，在成家之後，卻因為不重視自己的身體，大病一場，家庭也陷入困境；許多認為開心就好的人，卻因為沒有工作沒有收入，不開心也不夠好……

可見，**僅是單一面向的人生目標，對於人生整體而言，是極不穩定，甚至是搖搖欲墜。因為，我們的人生本身就是漫長、複雜、充滿不確定性。**

因此，**思考人生目標，要有多角度的綜合思維，從多個面向來組合人生目標，才能更加全面和穩定。**

無論何種目標，也無論有多少個面向的目標，我們的人生目標或許都可以用一句話來解釋，那就是──「富足人生」。

我創辦的 108 第一期口號叫作：「108 天，給自己一次完美的自律蛻變。」後來迭代為：「加入 108，讓我們用自律，實現富足人生。」

何為富足人生，同樣給出定義：**富足人生，是指我們的人生無論在任何一個面向或要素，都能夠獲得一種豐富、充盈、滿足的體驗。**

這個定義看起來有一些抽象，沒關係，我們繼續往下探索，富足

人生應該包含哪些要素呢？不外乎有五個：

第一，身體；

第二，智力；

第三，情感；

第四，財富；

第五，人生意義。

也就是說，我們要在這五個要素獲得富足的狀態，才能夠實現我們富足人生的目標。

這裡有個非常重要的原則是，每個人在這五個方面的富足目標都不同，不應該進行量化的比較。什麼意思呢？我們來逐一解釋：

一是身體。什麼樣的身體能夠讓你獲得豐富、充盈、滿足的體驗？這個需要自己定義，專業運動員和運動愛好者，對身體的要求一定不同；身體健全的人和身障者，對身體的要求也肯定不相同。所謂身體上的富足，並非是人人都要達到頂尖運動員的水準，也不表示天生有障礙的人就一定會失去富足人生的可能性，關鍵還是要根據自身的情況來進行定義。

二是智力。就是要不斷地去拓展自己的認知邊界，去發現和理解這個世界。我們可以透過讀書、上課、培訓、請教等方式來提升智力。智力方面的目標可以是「每日讀書」，或是為自己設定階段性的學習任務等等。

三是情感。這裡所說的情感可以包括親情、愛情、友情以及各種人際關係，希望可以達成什麼樣的目標狀態。

四是財富。許多人可能會說，我的目標就是財務自由，但財富的

目標不應該是標準答案，每個人的財富目標都有所不同，因為每個人的人生使命也都有所差別。在此分享我自己的財富目標，就是讓財富累積到能夠讓我極度專注地去完成自己的人生使命。財富目標可以是數字，也可以不是，見仁見智。

五是人生意義。這裡的人生意義，其實與我們的人生使命是相互關聯，但又不完全相同。人生使命會更加的聚焦，可能幾句話就可以概括，而人生意義則可以從多個面向來進行思考。例如，作為不同的人生角色：兒子、丈夫、父親、創業者等，我們從中可以實現的人生意義有哪些？

以上就是關於人生目標的定義解釋。

因此，自律不是我們的目標，而是我們實現富足人生過程中非常重要的工具和路徑，只有在一開始將關於自律的認知梳理清楚，我們才能在後續的自律路上走得更踏實。

2. 人生使命和目標才是自律的最強驅動力

我們常常會有一種「要是……那就好了」的心態，似乎只要達成那件事，人生就能圓滿。

例如，高三的時候想著「要是能考上大學就好了……」；大四的時候想著「要是能考上研究所就好了……」；畢業的時候想著「要是能找到一份好工作就太棒了……」

結果，我們會發現，我們達成心中那個階段性目標的快感或幸福感，都會很快消逝。很快又有新的目標，有了更大的野心，於是，再次進入了「要是……那就好了」的無限循環之中。

而自律也是一樣，許多人會想著：「要是我超級自律就好了。」但事實上，即使超級自律，又能怎樣呢？在此分享一個學員的故事：

在108中，會要求所有學員必須撰寫「每日行動日誌」。這份行動日誌引導大家進行高頻率、有深度且持續的覆盤，進而幫助養成自律的習慣，達成目標。

絕大多數學員都依照要求進行日誌撰寫、打卡、分享和交流，但是在後期，有一名學員跟自律私人教練表達退出108的想法。

原本自律私教很著急，一對一溝通，多對一溝通，希望能夠挽留學員，不拋棄、不放棄，但是當這位學員說出理由之後，我們所有人的緊張和不安都消失了，取而代之的是全部成員都舉雙手鼓掌歡送，是什麼理由呢？

「我不再需要打卡了，不再需要108的捆綁了，因為我已經找到自己的人生意義和方向！」

難道還有比這更好的事情嗎？她不再需要把自律當成目標，而是找到自己人生真正的目標，這個目標會自發地指引她努力向上，而自律只不過是其中一個很重要的工具而已。

被綁架的目的，是為了鬆綁。

但是，同樣也有負面的案例，那就是「為了自律而自律，為了打卡而打卡，只是追求自律的形式，卻忘記了自律的核心」。

這種狀態其實非常痛苦，剛開始可能興致滿滿，但走著走著就開始疲憊，就會發出「我為什麼一定要日日覆盤？」「為什麼一定要打卡？」「這些事有什麼意義？」等疑問。

在閱讀本書的過程，我們會遇到各種自律工具、自律要求，它們

的真正意義在於：引導你在尋找自己人生目標的道路上，更加篤定、更加堅毅、更加持續地朝著人生目標奔跑。

書中的自律理論、工具、實踐成果，都只是我們行進路上的加速器、補給站，是我們「行走江湖」的兵器，但真正的目的是要透過它們，努力達到「手中無劍，心中有劍」的狀態。

而那把心中的劍，則是你要達到的人生使命和目標，那才是自律路上最根本、最強勁、最有效的自我驅動力。

注意，這並不代表，找到人生目標、心中之劍之後，就可以一蹴而就地實現人生理想。沒有什麼理想，能夠只靠想像就能完成，而是需要持續不斷地去做、去行動。

如果沒有人生目標，失去內在驅力的自律，就必然會發展為「間歇性自虐」的狀態。

對於這種狀態，可能大家都很熟悉。有時候可能狀態很好，非常自律、非常有方向感和目標感，覺得自己完全是一個高效能人士。但是，好景不長，當一個任務結束或目標達成之後，很快就會進入持續下滑的狀態，變得超級不自律，非常頹廢。為什麼呢？

根本原因就是，還沒有找到那個可以為之奮鬥一生的人生使命和目標。或者是，人生使命和目標還不足以讓人產生持續的興奮感和使命感。

擁有人生使命和目標的人會非常珍惜自己的時間和生命，因為他們要用這有限的生命，來達成自己的人生使命和目標。

當然，目標缺失是一個原因，還有其他因素會造成這種間歇性的狀態：

❶習慣缺失

什麼叫習慣？就是我們行走坐臥的慣性，早上起來刷牙、洗臉、吃早餐，這就是習慣，每天起床之後，這個慣性會推著我們完成盥洗動作。

但是，許多人長期以來養成一些不好的習慣，如：晚睡晚起、不夠專注等等，這種習慣缺失，同樣會造成自律的間歇性狀態。

❷成就感缺失

許多人不願意改變，是因為不相信自己能夠改變。而這種不相信的背後，則是因為長期以來，他們從來沒有完成過一些事，也就是沒有讓自己引以為傲的「成就」。

人都需要有所回饋，只有所做的事情得到正面回饋，才能獲得更多的動力，對事情投入更多的熱情和時間，進而再次獲得正面回饋，形成一種良性循環。

❸人生失衡

我們經常夢想著能夠實現「財務自由」，但是之前所提「要是財務自由那就好了」的魔咒會再次出現，那些財務自由的人，或許因為太過投入事業，導致對家庭的忽視，失去了平衡，財務自由，高興一時，失去家庭，痛苦一生。

❹成長停滯

許多人在實現一個大目標之後，會突然發現不知道自己到底要做

什麼，然後失去人生的意義。由於找不到成長的方向，當成長停滯之後，人就已經進入衰老的狀態。

以上所提，其實一一對應了接下來將提到的四個自律系統：行動系統、成就系統、平衡系統以及成長系統。

我不斷強調，自律這件事不是一蹴可幾，尋找和實現人生理想同樣不是，認清這一點，接下來要做的就是認真思考、實踐，直到找到生活的意義，找到自己自律的節奏，讓人生目標在自律的協助下，逐步完成和實現。

3. 如何找到人生使命──那把「心中之劍」？

要如何才能找到那把「心中之劍」，找到人生的意義和方向？這是一個超級問題，或許是一個我們終身都在尋找的答案。

我把人生的意義和方向命名為「人生基本法」。撰寫自己的「人生基本法」，就是讀者在本篇章「動機系統」需要完成的一個實踐成果。

以企業為例，華為從二十世紀九〇年代初期一個名不見經傳的小公司，發展成為現在舉世皆知的《財星》世界 500 強企業，有個很重要的轉折點就是任正非組織、編撰了「華為基本法」，在這樣一套全面的經營法則下，華為變得愈來愈強大。

而落實到個人，在尋找自律動機之前，也需要建立自己的人生法則、自己的「人生基本法」，來指引我們朝著正確的方向努力前行。

在此，我有一個方法論提供撰寫「人生基本法」參考，幫助大家更高效地尋找自己的人生意義和方向。

如果將「人生基本法」作成一份文件，結構主要可以分成兩個部

分、四個要點，形成一個完整的人生循環，如「人生基本法」範本。

```
「人生基本法」範本

❶ 人生使命
你願意奮鬥一生的事情是什麼？

❷ 人生目標
你希望變成怎樣的人，獲得何種成就？

❸ 人生原則（價值觀）
你為人處世所遵循的判斷標準為何？

❹ 人生策略
為了達成目標，你需要做哪些事情？
```

第一個部分是「道」，包括以下兩個要點：

❶你的人生使命或人生夢想是什麼？

這是「人生基本法」最高階的內容，是核心中的核心，其餘的三點都需要以其為中心來進行思考和調整。

所謂人生使命，就是你來到這個世界後，最終為之奮鬥的事物，是你和這個世界產生連結的方式，能夠讓你在這個世界產生獨特的意義與價值。

許多人會覺得人生使命和人生夢想這種話很空洞，但其實並非如此，每個人生來都有自己的人生使命，每個人的人生使命都是獨一無二的，這其實就對應著馬斯洛需求理論的最高層次「自我實現」，只不過由於種種原因而被隱藏起來，尤其是周圍的各種恐懼和焦慮，迫

使人會去做內心並不認同的事情，這就會讓人背離人生使命的行動，也讓人更加痛苦。

因此才需要不斷地思考、嘗試、實踐、推翻、再思考、再嘗試、再實踐，不斷地追求，直到發現或確定自己的人生使命。

在人生使命部分，不需要長篇大論，通常只要幾句話就能寫完，但是真正找到人生使命卻需要花費許多時間，不斷地確定，然後再修正與更新。而且，在人生的不同階段，隨著認知和閱歷的變化，這個使命也會跟著產生變化。

為了方便大家理解，我來分享一下自己現階段的人生使命：

透過分享自己對這個世界的認知，來影響和幫助更多的人。

因此，大家在撰寫人生使命的時候，需要靜下心仔細思考，有沒有一件事是讓你一想到就感到熱血沸騰，讓你覺得自己生來就是為了做這件事。我猜一定會有，只不過你從來都沒有去試著發現而已。

當然，大多數人可能面臨的情況是，根本想不到什麼事是自己的使命。沒關係，這個過程本身就不是一蹴可幾，甚至是需要花費一生不斷尋找、實踐和修正。

❷你的人生目標是什麼？

基於人生使命，再深入思考人生目標。前文也有提及為富足人生五個層面所下的定義。大家可以據此寫出自己的目標。也就是在這幾個面向，想要成為什麼樣的人。

例如，我的健康人生目標是：「努力維持健康的身體，並與衰老的趨勢進行對抗。」當然你也可以進行目標的擴充，如：目標體重或

是特定的運動目標，這些都可以寫下來。

又或者，關於情感方面的人生目標囊括的內容有很多面向，包括：親情、友情、愛情以及人際關係等，都可以分門別類地擴充。

第二部分是「術」，包括以下兩個要點：

❸你的價值觀或原則是什麼？

所謂價值觀，就是人在做各種選擇的時候，決定哪些應該做，哪些不應該做，哪些重要，哪些不重要。

例如，極度開放、主動積極、實現雙贏、真誠友善等，這些都可以作為價值觀或原則。

❹你的人生策略是什麼？

所謂人生策略，就是想要達到上述所提的目標，需要做些什麼。

例如，要實現財富自由，就應該學習相關的知識，進行相對應的投資行動。又或者，要獲得家庭幸福，就應該學習溝通的藝術，這些都是人生策略。

當然，還包括自律，同樣可以作為策略之一。

人生策略涉及的範圍非常廣，內容會非常多，因此不一定非要寫入基本法當中。但是可以試著新增一個文件檔，對應著使命和目標，逐一寫下自己的策略，我相信這會是一份龐大的文件，也會讓人對未來要做的事情更加清晰。

以上就是「人生基本法」撰寫方式。

要特別注意的是，**「人生基本法」的這四個要點，其實就是我們**

執行自己的人生使命、實現富足人生過程最重要的四個環節，要有使命、目標、原則、策略。在這四個方面也必須是協調一致的，否則結果就會南轅北轍。

舉個例子，有些企業家將自己的人生使命，設定為讓公司的產品能夠為更多的人帶來便利，但是在價值觀方面卻是唯利是圖。因此在公司經營策略層面也不斷地壓低成本，最後導致產品出現重大問題，造成人員傷亡。

這個結果，就是因為在人生基本法的四個要點沒有協調而致。

還有些人的財富目標是實現財務自由，但是在策略方面卻是非常懶惰，不努力工作賺錢，花錢毫不手軟，目標和策略完全相反，那這個目標必然無法實現。

因此，讓這四個面向協調一致至關重要。

希望藉由「人生基本法」的撰寫，能夠讓大家站在更高的角度審視自己的人生，然後更能夠理解自律背後的意義。

在撰寫過程，請一定要把握以下幾個認知的前提：

第一，「人生基本法」不是一天寫成的，需要不斷思考、琢磨和更新。在一定時間內完成這項成果之後，並不代表結束這件事，而是要不斷地再去思考、更新和修正。

第二，在不同的人生階段，「人生基本法」必然會出現變化。想想看，你在小學時的人生觀和現在是不是已經有所不同，再過十年，你的「人生基本法」一定又會出現巨大的變化。

第三，「人生基本法」既包括使命、目標，也包括原則、策略。不要太過糾結於形式，可能是一生要追求的目標，例如實現財務自由；

也可能是為人處世時必須要遵守的原則，例如誠信。最重要的是，開始用「以終為始」的觀念來思考自己的人生意義，梳理人生目標。對大多數人而言，完成這個思考過程，就已經是一次認知層面的重大突破了。

❶ 人生使命

你願意奮鬥一生的事情是什麼？

撰寫指導
▼

作家路遙在《平凡的世界》提到：「每個人都有一個覺醒期，但覺醒的早晚決定個人的命運。」思考人生使命，就是在喚醒沉睡的自己。

寥寥幾句話，卻能讓你熱血沸騰。人人都有獨特的人生使命，只是有的人已經找到，有的人還在追尋，但一定有那麼一件事，是能夠讓你感受到濃厚的使命感。

撰寫「人生使命」部分時不必過於糾結。可能在現階段想破頭都沒有找到讓自己百分之百滿意的使命，但沒關係，先寫下你認為是現階段的最佳答案，未來不斷尋找，持續調整，總會找到滿意的答案。

❷人生目標
你希望變成怎樣的人，獲得何種成就？

撰寫指導
▼

建議從富足人生的五個面向來撰寫人生目標。每個面向之下，也可以做更細的劃分，這個過程將會更加全面深刻地剖析「你想要的人生，到底是什麼樣子」。

絕大多數人從來沒有花時間認真思考過這個問題，因為這個問題乍看太複雜、太龐大、太虛無縹緲。但目標能夠實現並非只是碰巧，而是需要經過持續深入的思考和持續不斷的行動。

撰寫「人生目標」部分時需要發揮想像力，從不同角度去描繪未來，這些目標或許一輩子都無法實現，但如果連確定目標的勇氣都沒有，又怎麼可能實現呢？

part

1

富足人生五要素：

身體：_____。

智力：_____。

情感：_____。

財富：_____。

人生意義：_____。

❸人生原則（價值觀）

你為人處世所遵循的判斷標準為何？

撰寫指導
▼

不同的人生原則決定了不同人生命運。撰寫「人生原則」時，不用顧慮太多的邏輯結構，只需要把自己覺得最希望堅持的價值觀寫下來即可，同時這個人生原則也需要不斷補充和更新。

❹人生策略
為了達成目標，你需要做哪些事情？

撰寫指導
▼

人生策略是為了達成人生使命和目標。撰寫「人生策略」時，可以對照人生目標，思考實現這些目標需要做的事情。人生策略的撰寫必定是個大工程，在「人生基本法」中可以省略，但希望大家在未來的日子裡能夠不斷地補充完善。

只有人生目標並不足夠，還需要繪製自己的人生地圖，而人生策略就是我們需要的那份地圖。

　　以上是「人生基本法」的範本，供大家參考。

　　「人生基本法」的撰寫，並不是為了讓大家完成一份看起來精美的文件，而是要讓我們思考「人生」，當我們被身邊的瑣事包圍而無暇抬頭看路時，記得拿出「人生基本法」，相信將會讓我們在前行的路上更加從容、篤定與堅毅！

本章知識覆盤

1. 自律不是我們的目標，而是實現目標的工具；本章提出為了自律而自律可能會遇到兩個問題，同時對「自律」和「人生目標」兩個概念進行了定義。

2. 人生的使命和目標才是我們自律的最強動機。

3. 如何才能找到人生使命和目標？答案就是撰寫自己的「人生基本法」，並且提供了結構參考。

第 2 章
極度開放
撕掉懶惰標籤，掃除自律障礙

電影《露西》（Lucy）中有一句我很喜歡的台詞：「你的痛苦，你的恐懼，會影響你對這個世界的認知。」

而在「動機系統」篇章，始終都遵循一個很重要的邏輯：「認知決定行動，行動決定結果，結果決定命運」。

一旦被自己的痛苦、恐懼束縛住認知，就很難付諸行動，也就無法獲得想要的結果。

那麼，如何去面對這些痛苦和恐懼？答案是：極度開放。

1. 保持極度開放，是掃除自律認知障礙的前提

橋水基金的創始人瑞·達利歐（Ray Dalio）在《原則：生活與工作》（*Principles: Life and Work*）提到：「態度要極度開放、極度透明，這對增進快速學習和有效改變來說彌足珍貴。」因此使「極度開放」成為近年非常熱門的關鍵字。這本書雖然看起來很厚，但書中所提都是最樸素、最簡單的道理。當我們對照複雜的世界，套用這些簡單的道理時，會發現遵守這些最基本的原則，才是面對複雜世界的最好方式。

而其中最重要的原則，就是保持極度開放。

將此落實應用到自律動機系統，一方面是尋找自己的自律動機，例如人生使命；另一方面，則是要從最基本的自律認知層面有所扭轉和蛻變。

改變自己最大的障礙，其實不在行為，而是在思維認知。至於改變思維認知最大的障礙，則是在於我們通常都很難保持極度開放。

所謂保持極度開放，是要讓自己能夠放下既有的慣性思維，以一種空杯心態來重新看待這個複雜的世界，重新思考自律這件事。

提到《原則》這本書，也分享我自己在閱讀時曾出現過無法維持極度開放的慣性思維事件。

大家一定聽過「成功法」吧？你對於成功法的認識和評價又是如何呢？

我猜，有些人可能會帶有一些不屑甚至有些厭惡的感受吧？其實我以前也是，總覺得那些「成功導師」都是在騙人的。

勵志成功法領域有一位知名的代表人物，就是安東尼・羅賓斯（Anthony Robbins）。因為對成功法不感興趣，因此即便我連他的書、他的演講、他的任何內容都沒看過，卻有著滿滿的「傲慢與偏見」。

而《原則》則讓我對安東尼・羅賓斯的看法有了極大的轉變，他為《原則》這本書作序，我想能夠為達利歐寫序言的人，絕非普通人。

因此我開始特意搜尋安東尼・羅賓斯的資訊，結果徹底被他的書、他的理論以及他的人格魅力所吸引。此時我才發現，因為自己過去的慣性思維，錯過了太多精彩的理論，錯過了一個如此值得學習並且超級厲害的人。

好，故事到這裡，我們覆盤一下：我以前對於安東尼·羅賓斯的這種認知偏見，在日常生活中，是不是經常發生？

當然，這種偏見不只針對個人，還包括對於事件、新聞、電影的評價等等，而這種思維慣性也證明了：我們沒有保持極度開放。

在本書後續關於「成長系統」的篇章，我也會進一步說明，其實，我們的終身目標只有一個：自我進化，不斷成長。而成長最大的障礙就是自我的慣性思維。我們總說，最大的敵人是自己，英文叫Ego（自我）。

所謂自我，是一種人類天性，我們天生就擁有一種心理防禦機制，每個人手上都拿著一個心理防禦之盾。

沒有人喜歡被批評，沒有人喜歡被質疑，沒有人喜歡被否定，一旦出現類似情況或看到超越我們認知的事情，就會啟動人類天性中的防禦機制，讓人下意識地逃避、否認和辯解。而這些情緒化的舉動，就會使我們與自己認知不同的事物有所隔離，也失去未來產生交集的可能性。

遺憾的是，我們的自我意識通常都有認知盲點和認知偏誤。

由於思維慣性，導致人在做決策判斷時很難超脫目前的認知邊界。就像哥白尼提出日心說的時候，所有人都在指責他，因為這不符合大眾既有的認知，於是開始情緒化地評判，將真理推到了門外。

於是，自我意識就變成了自我進化的障礙。

以前，我對賈伯斯的「Stay hungry, stay foolish.」一直有點疑惑，為什麼要這樣做呢？

其實，這就是一種極度開放的態度，對所有新事物，無論是好吃、

不好吃、有用、沒有用，先不去評判，因為在沒有真正嘗試之前，並不知道好不好吃，有用沒用。

落實到自律，同樣如此。只有擁有極度開放的思維，才可能讓自己發生改變，進入自律的狀態，如果始終都沉浸在自己的世界，不願意吸收和消化外部的資訊和知識，那麼，我們個人的進步就會停止。

我們在認知自律時經常會遇到一些問題和誤區，而正是因為陷入這些誤區，導致我們從思維層面就對自律產生排斥，將自己封閉起來，也因此讓許多人無法進入自律狀態，或是無法持續自律。

以我的 108 社群學員為例。我發現其中有重大改變、收穫頗豐的學員，一方面是來自於對課程的認真學習，以及在複訓階段的確實實踐；另一方面更重要的學習管道，就是向他人學習。社群內部的資源對於每個人都是平等共享，包括為大家提供各式各樣的機會，在學習的同時，也拓展自己的舒適圈，全面地放開自己，迎接全新的改變，這都需要一個前提──保持極度開放。

但是，有些學員可能依舊沉浸在自我覆盤和自我學習，忽視了向他人學習的機會；其實，這些外部學習資源更加豐富多元，善加運用，會比自己獨自悶頭前進更有效果。

其中一位學員（後來已經成為我們的金牌自律教練）無論是學習打卡還是組內活動，都非常積極參與，極度利他，也極度開放，她會閱讀大家的行動日誌、週記，學習大家的優點，甚至為自己定了一個計畫，就是定期向社群夥伴進行一對一的溝通學習。她的進步和提升也是有目共睹，成長真的非常非常快！

還有學員以前從未擔任過領導角色，但他決定改變自己，開始第

一次承擔小組長的職責，想辦法舉辦活動，激發大家的積極性。在這個過程，看似是他花了不少時間心力，但其實這都是非常寶貴的管理經驗。而我們在複訓階段會安排大家輪流擔任負責人，其實也是希望能夠啟發學員極度開放的心態，不只是小組長，而是希望所有學員都能夠有機會向他人學習。

因此，我們要把「極度開放」當作認識事物時的一個重要前提，在養成自律的過程，面對那些自律誤區，也面對處於封閉狀態的自己，刻意提醒自己：

「我是不是又有偏見了？」

「我是不是又開始封閉自我了？」

「我是不是又忘記保持極度開放了？」

一旦出現這些情況，就要和「自我」對抗，從最根本的思維層面打通自律形成的路徑。

以上是關於「極度開放」的介紹，只有從思維層面改變，才有可能在接下來的行動讓自己產生蛻變。

2. 四個自律認知誤區以及因應方式

當我們開始意識到要「保持極度開放」之後，接下來就需要客觀、開放、不帶偏見地去重新思考和看待那些經常對我們造成限制的自律誤區了。

這部分我會說明四個最常見的自律誤區，大家可以對號入座，看看自己是否有類似的狀況，然後再試著以「極度開放」的心態作出調整和改變。

我們在面對一個事物時，通常都會遇到以下兩類在思維認知的誤區或問題：一類叫認知盲點；一類叫認知偏誤。

所謂認知盲點，就是一件對你而言完全陌生的事情出現時，你無法有所察覺。而認知偏誤，則是你對一件事已經有既定的認知和思考，有屬於自己的觀點，於是會形成既有的思維慣性，按照原有的觀點進行判斷和決策。當事件出現的時候，你會因為既有觀點而出現偏見。

在這裡我以區塊鏈為例做簡單的說明。

關於認知盲點。一開始，大多數人對於區塊鏈、比特幣一無所知。2008 年，中本聰發表了一篇論文《比特幣：一種對等式的電子現金系統》（*Bitcoin:A Peer-to-Peer Electronic Cash System*）。對許多人而言，比特幣是一個全新的事物，有些保持好奇心、極度開放的人，就會有意識地去掃除自己的認知盲點，去學習、閱讀、研究，填補對於比特幣和區塊鏈的認知空白。

相反地，有些人看到一個新事物，則持保守態度，覺得這東西反正和我也沒什麼關係，不懂也罷。

於是，在認知盲點層面，兩類人就有了完全不同的兩種結果。

關於認知偏誤。後來比特幣漲翻了，許多人後知後覺，聽說了區塊鏈，也大概知道一些所謂「去中心化」（decentralization）之類的熱門關鍵字，這個時候就會產生認知偏誤。

你聽說，有人靠比特幣半年賺了數千萬元，一下子就點燃了你的熱情，逢人就說，比特幣真的可以賺錢！趕緊買買買！或者，你聽說，身邊有人因為買了比特幣，結果賠得傾家蕩產，你覺得一定是個「龐氏騙局」（Ponzi scheme），於是，見人就勸，千萬別買比特幣，這東

西害人不淺！

這兩類人其實都屬於認知偏誤狀態。他們對於區塊鏈的認知極為狹窄，而且模糊不清、人云亦云。因此，無論他們對於比特幣的觀點是對是錯，從個人角度而言，都不是一件好事。因為，一旦對事情形成認知偏誤，就一定會成為搖擺不定的人，因為沒想通、沒想透，兩邊的風隨便一吹，就跟著搖來搖去。

而保持極度開放的人，則會認真傾聽所有的聲音，然後親自研究學習，讓自己真正掌握、理解這件事，再做出自己的獨立思考和判斷。

以上所述兩類認知層面的問題，和自律有什麼關係？關係非常大！就像前面提到，想要透過自律產生蛻變，首先就要從認知層面進行改變。

正是因為我們會陷入認知盲點和認知偏誤，才導致我們非常片面地看待自律，結果總是無法養成自律的習慣。

以下來看有哪四種常見的認知誤區，影響我們對於自律的理解和執行：

❶「我天生就懶，根本不可能變得自律。」

「江山易改，本性難移。」意指我們的性格很難改變，但許多人把這句話也運用到自律層面，覺得：「我天生就懶，這麼多年很難改變，根本不可能做到自律。」

這種觀點不在少數。這裡的認知偏誤，就是將自律當作一種固定不變的主觀態度，或是一種無法改變的性格，然後自己貼上「懶惰」的標籤，認為永遠都不可能自律。

我們在後面將會學習「成長系統」，其中有一個非常重要的概念就是「成長心態」，成長心態就是在面對一切事物，尤其是困境時，人更願意相信自己可以有所改變，能夠進步，即使現在尚有不足，但經過自身努力一定可以變得更好。

而與之相反，擁有「定型心態」的人則會覺得，既然現在做不到，那乾脆就不做，因為現在做不好，就代表我這個人太弱，會遭到恥笑，被別人看不起。與其改不了，還不如維持現狀。

但真正的自律背後是什麼呢？

其實是一種有關大腦的生理活動，我們所有的態度和行為，都可以轉變成大腦的刺激反應。

在心理學領域有個很知名的案例，主角叫作蓋吉（Phineas Gage）。為什麼知名呢？因為蓋吉的神奇病情，讓世人對於大腦和自制力之間的關係有了全新的認知。

1848 年 9 月 13 日，一根鐵棍剛好刺穿了蓋吉的左臉，穿過他的大腦後飛了出去。幸運的是，他竟然活了下來，而且活了十二年之久！但不幸的是，他的性格從此大變。以前的他性格溫和堅毅，大家都很喜歡他，但自從腦部受創之後，他變得脾氣暴躁，缺乏耐心，髒話連篇，熱衷於計劃，卻從來沒有執行。

蓋吉原本自律的狀態有所轉變，他的自制力完全消失了。是什麼原因導致蓋吉喪失了意志力，完全控制不了自己呢？

後來研究發現，那根插入蓋吉大腦的鐵棍所傷害的大腦區域叫作前額葉。前額葉在我們大腦靠前的部位，差不多是在額頭的位置，主要負責長期規劃和決策，並管理大腦其他的區域，換句話說，前額葉

就是人類大腦的「腦中腦」。人的一系列行動，都是身體先接收各種信號，然後信號傳遞到前額葉，並做出相應的決策。

例如，看到美食，信號跑過來跟前額葉報告：主人，這裡有好吃的；看到網上有八卦，信號跑過來：主人，有八卦，吃點瓜吧；「雙十一」打折，信號跑過來說：主人，趕緊買買買！

一般情況下，我們的前額葉都會理性地拒絕，因為前額葉有一個很重要的功能，就是對長遠的未來做出規劃，正因為著眼於未來，因此就變成了大腦中的冷靜器，能夠讓人延遲滿足感，更加理智地思考，謹慎決策。

但是，當蓋吉的前額葉受傷時，他的大腦就像失去煞車一樣完全失控，蓋吉也就變成及時行樂、超級墮落的人。

因此，我們所說的自律，依靠的就是以「前額葉」為核心的大腦自控系統。

與其相對的是大腦的另一個系統，叫作衝動系統，主要是透過分泌多巴胺，讓我們感受到快感，於是衝動系統及時行樂的特性，容易使人變得衝動，脾氣來了就要釋放，美食來了就要品嘗，只想追求舒適感。

絕大多數動物的衝動系統都非常發達，自控系統卻很薄弱。但是對於人類而言，在數十萬年的演化過程，大腦容量增加將近一倍，主要增加的就是前額葉部分。換句話說，我們的大腦在演化過程中變得愈來愈理智，也愈來愈能夠控制衝動。這也就造成人類和動物的區別。

以蓋吉為例，就是想告訴大家：**自律，並非如我們一般所理解，是一種美德、態度，甚至是不可改變的天賦。自律其實是一種與大腦**

前額葉相關的生理過程，一旦前額葉出問題，無論原本多麼自律，也會立刻墮落崩潰。

值得慶幸的是，人類前額葉的發達程度非常相近，沒有所謂的天生差異，人人都擁有一個強悍的自律大腦，只不過有的人硬生生地把自律大腦丟在一邊。

有一個很生動的比喻，叫作「象與騎象人」，衝動系統就是那頭大象，而自控系統就是騎象人。有人騎著大象，完全是失控狀態，橫衝直撞，但有人則學會馭象之道，可以讓大象溫順地朝著正確的方向行進。

其中的差別就在於，是否抱持成長心態，一點點學，一點點練習，學會如何更適當地操控大腦，逐步讓自控系統戰勝衝動系統，學會馴服大象的技術，養成自律。

❷「他們那麼自律，不見得多自由。」

還有一種對自律的認知盲點，叫作：「他們那麼自律，不見得有多自由。」大家可能也曾被類似的觀點洗腦，覺得好像確實有許多人很自律，但也沒什麼用。

一個人非常自律，但是並沒有多大的成就，真正去尋找原因後，發現是因為從事的工作是夕陽產業。因此，自律那麼久，還是沒什麼前途，財務自由也無望，又怎麼談自由？

這其實是一種典型的「偷梁換柱」，把自由完全等同於財務自由。在第 1 章就曾提到，人生有很多層面，財富只是其中之一，財務自由不能作為唯一的判斷標準，而且我們要達到的自由狀態應該是：對於

自身的思考和行為，擁有完全的自主選擇權。

你明明知道這件事應該做，但就是不去做，這才是不自由。這其實涉及了下一章關於主動選擇的內容，也是我們實現自律路上最為重要的一種思維習慣和原則。

回到前面提到的觀點：沒有財務自由，談不上自由。

但是，去看看那些財務自由的人，不也一樣會有各式各樣的問題嗎？就像吳曉波曾經說的，他採訪了很多中國的頂尖富豪，但十有八九都不快樂。我理解，不幸福的人生，就是不自由的人生，而財務自由只是其中一個表象而已。

所謂真正的自由，就是對自己當下的思考和行為保持足夠的覺知，同時能夠理性地看待是非與對錯，然後做出心智成熟的選擇，這才叫真正的自由，而這種成熟的選擇，就需要我們保持足夠的自律。

❸「自律那麼痛苦，何苦呢？」

關於自律，不得不提一本書《心靈地圖 I：追求愛和成長之路》（*The Road Less Traveled: A New Psychology of Love, Traditional Values and Spiritual Growth*），作者是史考特・派克（M. Scott Peck），出版於 1978 年，至今已經四十年之久，依然在各類圖書榜單名列前茅。

這本書在最開頭就講了「眾生皆苦」這樣一個概念，看起來非常悲觀。

人的一生必然承受痛苦，這是一件確定的事情。

說實話，我以前很不喜歡類似的說法，總覺得人生不就應該是燦爛而美好嗎？

但愈長大愈發現，我們走在人生路上，難免會遇到各種挫折和痛苦，其實就是一個打怪升級的過程，一路上有人被打倒，生命就結束；有人一路堅持挺過來，就會進入新的人生階段。

誰能保證這輩子總能一帆風順呢？沒有的，痛苦是一種必然。因此，回到我們所說：「自律那麼痛苦，何必呢？」

這種觀點，顯然是片面地將自律看成一種靜止的狀態。看起來，逼著自己自律，跑步、健身、讀書、工作，是一種痛苦，但是，卻沒有意識到，如果不跑步、不健身、不讀書、不工作，有很大的機率會讓未來的自己更加痛苦，不是嗎？

為什麼說「少壯不努力，老大徒傷悲」？其實就是因為這種「及時行樂」的態度和觀點，讓我們的能力在年輕時始終停留在初級階段，不敢面對痛苦和挑戰，隨著年齡增長，卻發現痛苦和挑戰愈積愈多，而因為總是逃避，我們的能力已經無法從容應對了。

了解「眾生皆苦」之後，《心靈地圖Ｉ：追求愛和成長之路》提出了戰勝痛苦的方法，關鍵工具正是：自律（紀律）。

只有真正做到自律，才能克服人所遇到的痛苦，才能讓心智成長，而這種成長的累積才會讓人感受到自由，獲得更多的幸福。

別忘了，人生的幸福程度是要看整體的，眼前偷一點懶，可能讓你覺得很開心，但沒有遠慮，必有近憂。

你偷懶沒完成工作，大概明天老闆就要約談你了；你偷懶沒運動，或許下個月脂肪肝就回來了；你偷懶沒照顧好家人，來年可能就會出現感情危機了……

你說，到底哪種狀態更加痛苦呢？自律，其實是最低程度的痛苦。

❹「自律太麻煩，那麼多事，我怎麼能做得到呢？」

還有一種普遍的自律偏見：總覺得自律這件事太麻煩。

一提到自律，大家會想到什麼呢？例如，每天堅持運動；每天早睡早起；每天飲食控制；每天努力工作；每天陪孩子讀書；每天想辦法賺錢；每天……每天要做的事情太多了！一想到這些，就覺得無從下手，然後就想「算了，根本做不到啊！」但現實是如何呢？或許我們只需要一個微小的改變，就能讓自己進入一個全新的狀態。

關於如何改變，接下來將會有系統地分享給大家，透過一些微小的變化、微小的成就，讓自己產生巨大的改變。

我舉一個自己的例子，就是當年我一個月減重十公斤的事。

2014 年時，工作和生活的雙重壓力讓我體重陡增，看著鏡子裡的模樣，我忍無可忍，決心一定要減重。

剛開始跑步時，不到三公里我就已經氣喘吁吁了。但持續跑了一週之後，我發現體重下降得非常快。為了維持這個減重效果，我在跑步之餘同步調整飲食，很快就瘦了五公斤，而且體檢時發現之前困擾我多年的脂肪肝，竟然不藥而癒！身體和精神狀態愈來愈好，每天的工作效率也有所提升，業餘寫作的文章數量和品質也大幅提升。之後因為參加了線下跑步社團，我又認識了來自各行各業的跑友，社交圈逐漸擴大。由於身材變好，人變得更有自信，也願意參加更多的社交活動，還在一次活動中遇到事業上的合作夥伴。

大家看，一開始，我只不過是每天堅持跑步三公里而已，但因為這個微小的變化，我逐漸在工作、寫作、社交等各個領域都達到全面的提升，小變化引起大改變。

因此，千萬不要把自律當作是一件難以達成的目標，這件事本身就充滿了許多可能性，任何自律習慣的養成，都會帶動我們形成更好、更新的習慣，讓人成為一個更棒的自己。

　　在每一次 108 的開始階段，我都會和學員講：「加入 108，很可能會非常累。」因為我們為大家安排了密集的學習和行動任務，其中一個是要完成每天的行動日誌打卡。而有些學員一開始很興奮，充滿新鮮感，打卡很積極，但做著做著就開始倦怠，覺得打卡沒有意義。其實，撰寫行動日誌每天只需要十幾分鐘，就是希望大家能夠真的用這個方式持續梳理自己的狀態，狀態一定會有起伏，而打卡就成為恢復狀態的加油站。

　　如果，這樣一個小小的與自己對話的動作都不願意做，又怎麼能真正實現「自律得自由」？

　　因此，我們在自律的過程，不要忽視小習慣的建立，一點微小改變，很可能會讓自己整個生活產生翻天覆地的正向變化。

　　以上就是最常見的四種自律誤區。

本章知識覆盤

1. 保持極度開放，是掃除自律認知障礙的第一前提。

2. 關於自律認知的四個誤區，分別包括：

   ❶「我天生就懶，根本不可能變得自律。」

   ❷「他們那麼自律，不見得多自由。」

   ❸「自律那麼痛苦，何苦呢？」

   ❹「自律太麻煩，那麼多事，我怎麼能做得到呢？」

主動積極
隨時隨地，變身自律達人

曾經，我有個現在看起來顯得幼稚的口頭禪:「我也不想啊！」「我也沒辦法啊！」

我想這也是很多人在面對問題和困境時，下意識會蹦出來的話:「我也不想這樣，我也是迫於無奈，我也沒辦法啊！」

這個口頭禪洩露了一種思維方式:當理想和現實出現差距時，人會用「愛莫能助」的藉口來撇清責任。但其實這種思維方式的本質是逃避。事情發生，危機出現，此時追究這是不是你的初衷本意，其實對於解決問題沒有任何益處，這句口頭禪不會有所幫助，只會顯示消極被動。

當我開始有意識地培養認知習慣之後，這些口頭禪也就隨之消失，這個認知習慣就是:主動積極。

1. 主動積極的人，才是真正自由的人

大家對「主動積極」一詞應該非常熟悉，這是來自於《與成功有約:高效能人士的七個習慣》（*The 7 Habits of Highly Effective People*）中

的一個習慣。

這真的是一本非常偉大的書。作者史蒂芬·柯維曾經被美國《時代》雜誌（TIME）選為「二十五位最有影響力的美國人之一」，八成以上《財星》世界 500 強企業以及政府職能部門，都與柯維的培訓顧問公司有合作關係。

大多數人看「主動積極」四個字，會覺得像是一種動作，但其實主動積極的本質更在於內心。

所謂內心的主動積極，就是要讓自己時刻意識到：**面對世間的任何事情，我們都是可以自主做出選擇**。可能你會有疑惑，甚至會跟我爭論：

如果我生在窮困家庭，這貧苦出身就沒得選啊？

如果我結婚，發現老公會家暴，我也沒得選啊？

如果我生小孩，以前的娛樂時間都被育兒占用，這我也沒得選啊？

很遺憾，以上這些讓人心灰意冷的「現實」確實沒得選。但是，我們可以這樣思考：即使我們所處的環境、所經歷的事件、所遭遇的挫折都客觀存在，都無法選擇，但是我們可以選擇的是，**自己在面對這些事情時，表達的態度、觀點以及應對方式，這才是我們擁有的主動權，可以做出選擇之處**。

心理學家維克多·弗蘭克被稱為二十世紀的奇蹟，他在著作《活出意義來》（*Man's Search for Meaning*）記錄了自己在納粹集中營的殘酷經歷，以及從這些經歷悟出的生命意義。

弗蘭克生於 1905 年，逝於 1997 年，一生活了九十二歲。這樣一位長壽的老人，在第二次世界大戰時，於集中營經歷了最慘烈的人生

part
1

痛苦。他是一個猶太人，全家人都被納粹關進奧斯威辛集中營，他的父母、妻子、哥哥全都死於毒氣室，只有他和妹妹倖存。

他在集中營發現一個現象：那些對生命失去希望、對未來失去信心的人，更容易在絕望中死去，而那些相信自己可以活著出去、相信未來會更好的人，則更有可能存活下來。

在這種煉獄般的痛苦中，他將自己的經驗與心理學結合，建立了「意義治療理論」，幫助世人找到絕處逢生的意義，也留下了人性史上最閃耀的光彩。

他不只學術成就卓越，而且是一位超級生活大玩家，一生都對生命充滿極大的熱情，甚至在六十七歲時開始學習駕駛飛機並且順利拿到了執照，在八十歲時還登上了阿爾卑斯山。他最為人知的一句話是：**「人類最後的自由，就是可以自己決定對人事物的態度。」**環境可能無法改變，但我們可以改變自己的態度。

當年弗蘭克就是在集中營的困境領悟到，即使身處囹圄，即便身心備受折磨，一個人依然有主動選擇的自由，只不過有的人選擇了自怨自艾，有的人選擇了堅韌不拔，而正是面對相同困境的差異化選擇，造成了人與人之間的不同或差距。

其實，這種深陷囚籠般的感覺我也曾經體會過。

2012 年，我剛畢業就娶妻生子，當時薪水微薄、壓力巨大，在北京的生活無比拮据，「長安米貴，居大不易」，逃離北上廣（編按：北京、上海、廣州快速發展，物價房價急遽上漲，生存壓力使人選擇離開）的口號年年在上演，我和懷孕的妻子也在許多夜晚，坐在租屋處的小破床上，思考著這個問題：「我們要不要也離開北京？」

那種看不到未來、看不到希望的生活，就如遭到囚禁一般，而每當這個時候，我跟妻子都會一起聽一首老歌，來自法蘭克·辛納屈（Frank Sinatra）的《紐約，紐約》（New York New York），有一段歌詞意思是這樣的：

　　　　如果我在這裡做得到，我會在任何地方完成；

　　　　這都要看你了，紐約，紐約！

　　　　我要在這個不夜城中醒來，

　　　　然後發現我是最頂尖的，有史以來最棒的，

　　　　我就是山丘之王……

　　我們把歌詞裡的紐約換成北京、上海、深圳、廣州，或是任何一個讓你有被囚禁感的城市，甚至延伸到你的工作、家庭、生活，其實都可以適用。

　　為什麼我們在年輕時，遇到困境時就想著逃離呢？逃離之後的生活就一定能擁抱自由嗎？

　　真正的自由屬於主動積極面對問題、解決問題的人，而不是因為害怕、恐懼而逃避的人。

　　退而求其次的自由，或許是更大的牢籠！

　　當然，這並不代表離開北上廣就是一種錯誤，主動積極是一個原則，而非標準答案。無論是選擇留下或選擇離開，都有可能是主動的，也都有可能是被動的。

　　我和妻子在認真分析之後決定留下來，這個過程是主動選擇，我

們勇於承擔留下之後面對的責任，那麼就是自由的。

如果在認真分析之後主動做出離開大城市的選擇，這本身也是一種自由，因為離開是自己的選擇，而不是拿出「我也不想啊」的口頭禪，被動地逃避。

主動積極可能是繼續留在北京，也可能是放棄留在北京，甚至最終的選擇和結果都沒有關係，唯獨相關的是，你不去逃避，主動面對，並且基於自身的現況做出自己願意承擔後果的選擇。

換句話說，主動積極的人從不會說「我沒得選」，而是對於每一個選擇，都是經過深思熟慮主動選擇的結果。

2. 如何理解「主動積極」？

「主動積極」我們從小聽到大，似乎是一個非常普通的詞，但事實上，能夠做到百分之百的主動積極，真的太難了。

如何理解「主動積極」？我們可以進一步拆解。主動積極包括兩個方面：一是積極；二是主動。但在解釋這兩個關鍵字之前，還需要先理解另外一個很重要的概念，那就是：責任。

❶如何理解「責任」？

英文中的責任，單字拼寫是：「responsibility」，而這個單字其實可以拆分為「response」+「ability」，也就是回應的能力。

所謂責任，就是我們面對事物時做出回應的能力。有人回應能力強，責任感也強，有人回應能力弱，總是偏向逃避責任。

我拋出一句話讓大家一起來思考:「逃避責任，就是在逃避自由」。

看起來很繞口，但別急，我們一層層來剖析。

先問一個問題，你有沒有這樣的感覺：時間都被別的事情占據了。在我的微信公眾號「Kris 在路上」後台，經常會收到讀者發來的一些困惑。

例如，本來下班後想做一些自己的事情，但每天都加班，時間全都被工作占用了；老闆臨時安排了工作給我，非常複雜，很耗費時間，導致我的日常工作也受到影響；我很希望每天下班後準時回家陪家人，但是同事不走，我也不好意思下班，時間都被無意義的加班占用……

類似的事情還有很多，而面對這種困惑，我們應該如何解決？先不急著說答案，我也分享自己曾經有過的困惑吧！

當年我家老二剛出生的時候，正好我的工作有變動，從以前相對輕鬆的工作調整到集團總部業績考核單位，需要處理旗下十幾個子公司的業績達標狀況並計算獎金發放，幾乎每天都是披星戴月地加班趕工。

以前我是家裡附近下班回家最早的爸爸，因為要急著回去照顧老大，結果老二出生之後，我徹底變成一個隱形爸爸，每天都要加班，很晚才能到家，進屋的時候孩子都已經睡著了。

這種狀態讓我很抓狂，感覺自己的時間全都被工作占用，很對不起家人，內疚心理讓我對工作更加地抱怨，幾乎快要完全失衡。

但是，我接觸到一行禪師的《正念的奇蹟》（*The Miracle of Mindfulness*），一行禪師提到，對於修行者而言，行走坐臥都要保持全然的覺知，能夠保持正念，就能讓人的狀態平靜並且專注，就能從繁雜與焦慮中找到新的出口。

於是，我也試著開始調整自己的心態，試著找到自己的正念。正

part

1

第 3 章 ｜ 主動積極｜隨時隨地，變身自律達人　　75

念為我帶來三個心態上的重大變化。

第一個變化：要讓自己認知，無論工作、學習、生活，這些時間全都是我自己的，而不是被別人所占用。

你要對自己的人生負責，而不是要他人對你的人生負責。

當我抱怨工作占用時間的時候，看起來好像在承擔我作為父親、丈夫的責任，但其實我是在逃避工作責任，這些責任都應該由我來承擔，這些花的都是我自己的時間，沒有所謂的「浪費」和「占用」。

第二個變化：你所花的時間都有價值。

就算每天加班很累、很煩，但其實在工作所花的時間並不是沒有價值，只是在這個階段，工作需要的精力會更多一些，那麼從結果來看，更多的投入，代表將有更多的成長和回報。

這種心態的調整有利於減少我對工作的抱怨，並使自己在工作時產生了價值最大化。

第三個變化：對時間做出更加優化的配置。

與其憋在心裡抱怨，不如主動積極尋找方法。看起來時間不夠用，但仔細去記錄和分析一天的時間，我發現有很多「時間黑洞」，看起來很忙碌，但其實有許多時間並沒有充分地被利用。

而在調整心態之後，我也開始付諸行動：

首先，重新思考自己的時間使用情況，尤其是工作時的效率。

我發現，即使經常加班，但經常都是因為上班的時候不夠高效，才導致加班的結果。

再來，重新規劃時間安排。

一方面是讓自己效率更高、更專注地工作；另一方面，盡量早睡

早起調整作息。以前回到家，孩子雖然睡了，其實也就晚上十點左右，但是我自己總要磨蹭到半夜十二點，第二天早上老大都起床看書了，我還起不來，看似是加班讓我跟孩子的接觸少了，但其實還是自己沒有規劃好時間。

第三，把時間進行分類利用。

即使經常加班，也不是沒日沒夜，也有週末時間，也有正常下班的時候，於是我就把這些時間進行新的規劃，全心投入家庭之中。這樣，其實從時間整體長度來看，陪孩子的時間並沒有減少太多。

經過調整之後，我發現自己之前的糾結與焦慮心態已經徹底消失。

我開始意識到，以前的自己其實一直在逃避責任，時間規劃不好，其實是自己的問題，但我卻歸因於工作。

我們一旦開始抱怨外部環境，就是在逃避責任。而一旦逃避責任，就會出現令人沮喪的情況：失去自由。

想想看，如果有一件事需要你去做，但是你選擇了逃避，那麼你會因為沒做這件事而開心嗎？

多半不會。

反而會輾轉反側地憂慮、糾結，這種狀態會讓我們內心受到極大的束縛。

逃避責任，就是在逃避自由。

❷如何理解「積極」？

責任，就是主動積極背後最重要的支撐概念，接下來對「積極」和「主動」兩個關鍵字的解釋，都可以從「責任」的角度來理解。

首先看積極。

史蒂芬・柯維提出一個很重要的概念，叫作「關注圈」以及「影響圈」。

這兩個概念很明確地解釋了積極這件事。可以邊看圖邊理解。

關注圈與影響圈，主動積極擴大影響圈

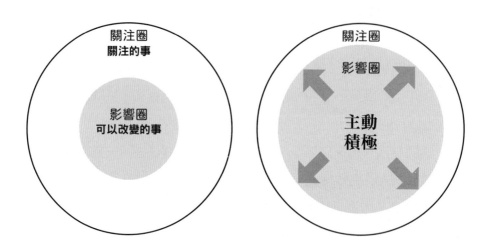

首先，我們先了解什麼是關注圈。人有很多關注的事情，如：工作、家庭、朋友、嗜好、社會議題等等，這些事情都是我們的關注圈。

而在關注圈內，有一部分是我們可以掌控、可以改變的事；其他則是我們無論做什麼都無法改變的事。影響圈，就是指我們可以掌控的事，我們對於這些事情擁有影響力，可以控制並有所改變。

舉例來說，許多人會抱怨自己的原生家庭，覺得自己目前的悲涼處境都是因為生在這樣的家庭，因此下意識便把一切負面狀態都歸因

於自己無法改變的家庭環境。

這裡所說的家庭環境，其實就是影響圈之外的事物，我們不可能自主選擇出身，成為誰的子女，這是我們無法改變的。

那麼，相對應的影響圈是什麼呢？是我們對於這件事的心態和處理方式。

面對條件惡劣的原生家庭，有些人選擇逃離，有些人選擇決裂，有些人選擇包容和理解……而這些選擇，才是我們的影響圈。

有部英國紀錄片《富哥哥，窮弟弟》（Rich Brother, Poor Brother），講的是一對親兄弟，擁有同樣的家庭，接受相同的教育，但最終卻過著截然不同的兩種人生。哥哥主動積極，為人勤奮，生活富足，而弟弟被動消極，憤世嫉俗，生活窘迫。

歸根究柢，這種人生的差距和家庭幾乎沒有任何關係，真正影響命運的唯有自己的選擇。主動的人生和被動的人生，天差地別！

因此，與其抱怨原生家庭，不如思考如何改變自己，擴大自己的影響圈，而不是總在關注他人，關注那些無法改變的事情。

回到所謂「積極」，就是以更積極的態度看待關注圈，然後將著眼點聚焦在影響圈，即那些自己可以改變的事物，透過積極的行動擴大自己的能力邊界，而非一味地消極抱怨。

積極的人主動地擴充自己的影響圈，當能力愈強，影響圈就愈大，對於這個世界的主動權也會愈大。

回想我們從小到大的成長過程，不就是在不斷地擴大影響圈嗎？

一開始，我們都是依靠父母的學生，但是因為持續學習，能力提升，找到了工作，有了自己的事業，有了更多收入，於是有更大的能

力創造更多價值，而我們的影響圈在這個過程也會逐漸擴大。

影響圈擴大的前提，就是積極地行動，而不是消極地等待。以上就是積極的含義。

❸如何理解「主動」？

之前提到，責任的英文單字背後的含義是「我們做出反應的能力」，而反應也有兩種：一種是主動反應模式；一種是被動反應模式。

俄羅斯心理學家巴夫洛夫發現的古典制約（Classical conditioning）可以幫助我們梳理。他做了一個很簡單的實驗：找一隻狗，狗看到骨頭就會不自覺地流口水，而每次餵牠骨頭的時候，都會在旁邊搖一搖鈴鐺。結果，時間長了，發現即使不給骨頭，只是搖鈴鐺，狗也會流口水。

古典制約認為，無論是動物還是人類，在接收到特定條件刺激之後，就會做出相應的反應。

這也是所有生物最自然的一種反應模式，我們稱為「被動反應模式」：

接收刺激→做出反應

就像我們受到驚嚇之後，腎上腺素自然會上升，被激怒之後就會本能地產生反駁的情緒等。

但是，對於人類而言，我們與動物最根本的差別是：我們在受到刺激和做出反應之間，還存在一個步驟，那就是我們的主動選擇：

接收刺激→主動選擇→做出反應

主動選擇就是我們所說的反應能力。就像之前提到的弗蘭克，同

樣是面對集中營的困境刺激，有人會被動地做出自怨自艾的反應，這是人性。但是對於弗蘭克而言，他並沒有讓自己直接進入被動反應模式，而是做出了主動選擇，透過逆境，以全新的觀點和態度看待生命，因此獲得完全不同的體驗，也獲得真正的自由。

以上就是關於主動積極的理解。接著，我們繼續探討，主動積極與自律，有什麼關係呢？

3. 主動積極與自律的關係

回到我們自己，關於自律的困惑，經常會有這樣的狀態或抱怨：

「我工作太忙了，沒時間運動。」

「我加班太晚了，那麼餓，怎麼控制飲食？」

「我晚上要帶小孩，根本沒時間複習功課！」

這些關於無法自律的抱怨，幾乎針對的都是外部環境，都是在關注圈內但無法改變的事。工作忙、加班、帶小孩，這些都是你必須要做的事情與承擔的責任，無法改變。

而我們要實現自律，就應該把目光聚焦在我們可以改變的地方，聚焦在影響圈，然後做出自己的主動回應，而不是消極被動地抱怨外部環境。

之前提到，自律代表需要以極度開放的心態、主動積極的態度，面對痛苦、承擔責任、解決問題。

其中，主動積極的態度將會對我們的生活產生非常大的正面影響，相信我，在面對困境時，一旦反應態度有所轉變，整件事情甚至是我們的人生狀態，就會徹底發生扭轉。

而自律也是一樣，當我們主動積極時，就會開始積極地承擔責任，主動尋找解決問題的方法，抱持主動積極的態度面對世界，會讓我們迅速開啟自律的按鈕。

那麼，主動積極和自律是什麼關係呢？我們應該如何透過主動積極來開啟我們的自律呢？主要有以下三個方面。

❶承擔責任，才能自律得自由

我們之前說，逃避責任就是在逃避自由。而我們也說，自律得自由。這兩句話並不矛盾，而是相輔相成。

要承擔起責任，首先就要律己。因為責任通常意味著麻煩、失敗，甚至是痛苦，一想到這些人就會自然地選擇逃避。但是如果選擇逃避，麻煩就會愈積愈多，反而讓痛苦愈來愈多。

在這裡要特別提醒注意避免落入「虛假型自律」的陷阱。有不少人看起來很自律，如：早睡早起、每天跑步，但這只是低層次的自律，如果仔細觀察，可能會發現有些人明明還有好多工作要處理，卻視而不見，逃避責任，反而將跑步當成自己的第一要務。

如此看似自律，但其實一直在逃避，自律地跑步只不過是逃避責任的幌子而已，這就是虛假型自律。

❷聚焦影響圈，你的自律自己掌控

此外，就是聚焦影響圈，因為影響圈才是真正可以掌控的事物。

關於個人成長有個錯誤認知叫作環境決定論，認為所有結果都是由外部環境所引起，跟自身沒有關係，抱持這種觀點的人往往沉浸在

自己無法改變和掌控的關注圈，而不願意碰觸自己可以控制改變的影響圈。

有幾種常見的環境決定論，如：基因決定論。許多人認為自己的人生是由基因所決定，天生聰明的人成績好，成就也更高，我的父母不夠聰明，我肯定也很笨，因此，基因決定了我目前的狀態。

再來就是，階層固化論。這是一個歷久不衰的話題，每隔一段時間就會引起熱烈討論。許多人看了那部長達四十九年，每隔七年持續追蹤十四位來自英國不同階層七歲孩子的《成長系列》（Up Series）紀錄片後就感慨，窮人的孩子要突破所在階層向上發展非常困難，於是開始抱怨自己怎麼沒生在富裕家庭。但其實在紀錄片中同樣有透過自身努力改變命運的窮孩子，但人往往更願意相信，自己就是那些無法改變的大多數人。

環境決定論最令人害怕的觀點就是：「再怎麼努力，再怎麼改變，也追不上含著金湯匙出生的人。」

但是，世界上有這麼多人，為什麼非要和某個特定對象比較？難道我們不應該聚焦於自己嗎？或許在財富上我們可能永遠追不上巴菲特，但是如果能夠追上一點點也是很好的啊！

一個人從小住在小房子，但是透過自己的努力，從小房子換到了大房子，即使無法住大豪宅，但這就是一種幸福。無論如何，總是比自怨自艾，自我放棄，永遠待在小房子好太多了！

自己可以掌控自己的命運。這種掌控，不是想要什麼都能夠得到，而是可以透過改變，透過自律，讓自己產生變化，讓影響圈不斷擴大，讓能力邊界和社會價值不斷變大。

即使這個變化非常微小，但卻可以讓自己的命運變得更好，那麼何樂而不為呢？

❸不放棄主動選擇的權利，才能真正啟動自律

我們可以試著回想一件一直想做，但始終未曾開始去做的事情。為了讓大家更直覺地理解，我再來剖析一下自己。

當年我很幸運，靠著兩個月的下班時間準備，順利考上某所頂尖財經院校的博士班，看似最後結果很完美，我考上了。但其實在考博士之前，我經歷過很漫長的消極被動狀態。

差不多持續有兩、三年的時間，每年招生簡章一公布，我就是一番糾結，信誓旦旦要備考，但備著備著就沒有下文了。因為那時我自己預設了太多的負面想法，像是「太難了，我做不到」、「時間太緊了，我沒有時間」……

當時，正好我的同事為了出國準備正在複習英語，我就跟他講了自己的糾結，結果他馬上就點醒我：「如果你一直在糾結一件事，那麼最好的選擇，就是解決它！」

當時這句話真的讓我起了一身雞皮疙瘩，既然我都已經心心念念這麼久了，為什麼還如此消極被動地拖延？

於是，我就正式啟動兩個月的高強度複習計畫。

首先，我先對自己的時間進行全面分析，將所有的零碎時間都進行優化配置，那一整套考博士班的英文單字，就是利用那兩個月的上下班通勤時間來背誦。但是當時我執行了幾天後發現，白天工作，晚上帶小孩，等孩子睡了再複習，只靠零散的碎片化時間複習，進度真

的太慢。

　　若是以前，我可能又開始抱怨「沒辦法」，時間不夠，我又不願意犧牲工作和家庭時間……但這一次，我主動積極進行調整，既然時間不夠，那就想辦法創造時間！

　　於是我鼓起勇氣跟妻子溝通，看她能不能帶著孩子回娘家住一陣子，讓我全心投入考試準備，還拍著胸脯下了軍令狀：「考不上博士，提頭來見！」

　　妻子非常支持，為了讓我安心複習，帶著孩子回娘家住了兩個月。

　　而這積極爭取的兩個月時間，應該說是寶貴的兩個月下班後時間，成了我順利考取的重要因素。

　　如果我沒有主動積極的調整，大概這次我的考博士計畫又會以失敗告終。

　　這就是主動選擇的力量，當我們遭遇困境，會下意識地往後退，但是當我們能夠主動面對，告訴自己「我可以做到」、問問自己「我還能做些什麼」，這種正向的主動態度，會讓我們真正地面對問題，解決問題。

　　只有面對問題，才可能解決問題，只有面對懶惰的一面，勇於承擔責任，主動積極地擴展自己的影響圈，擴大自己的能力邊界，才能真正地啟動自律。

part
1

本章知識覆盤

1. 主動積極的人，才是真正自由的人。本章以弗蘭克的故事為例說明，可以進一步參考《活出意義來》。

2. 從責任、積極、主動三個方面，說明主動積極的定義。

3. 本章分析了主動積極和自律之間的三重關係。

美國正向心理學家塔爾・班夏哈（Tal Ben-Shahar）在他的著作《更快樂：哈佛最受歡迎的一堂課》（*Happier: Learn the Secrets to Daily Joy and Lasting Fulfillment*）中曾說：「要活得痛苦很容易，只要一步——無所事事——即可辦到。」

我們啟動自律的前提，是從認知層面發生改變，找到自律的動機。但是，只依靠認知的改變遠遠不足，還需要依靠我們付諸持續行動，並且讓行動轉化為習慣，才能突破混亂生活的困局，走向真正的自律。

因此，自律五大系統的第二個系統，即行動系統，將會在認知改變的基礎上，透過進一步行動，包括目標管理、高頻覆盤、時間管理三方面，建立自律習慣和模式，讓自律不是停留在說說而已，而是依靠行動讓自己養成自律習慣，產生真正的蛻變。

99 「唯有前行，可破焦慮。」 **66** —————— **Kris**

行動破冰篇

行動系統

• • • • • Keyword

目標管理、高頻覆盤、時間管理

第 4 章
目標管理
個人 OKR，開啟自律之門

前文我們說明了動機系統，並提到人生目標是要實現富足人生，富足人生的五要素，包括身體、智力、情感、財富和人生意義，這些都是非常宏大而且是長期的目標管理。

進入本篇行動系統，我們首先要掌握的同樣是目標管理，但是這裡的目標管理，是將時間進行分段切分，之前所提人生目標、人生動機，都屬於長期目標，而現在，我們則要聚焦相對短期的階段性目標。

1. 神奇的 OKR

要如何針對階段性目標進行更好的管理？在此我要推薦一個超級強大的目標管理利器：OKR 目標管理法。

❶ OKR 的前世今生

OKR 的 O 是 Objectives 目標，KR 則是 Key Results 關鍵成果，OKR 即是目標與關鍵成果，是設定目標並且對關鍵成果進行拆解和執行，是企業實行目標管理的工具。而 OKR 目標管理，其實是從最初的

目標管理系統（Management by Objectives，MBO）延伸而來。

MBO 源於現代管理學之父彼得・杜拉克，他在經典的管理學開山之作《彼得・杜拉克的管理聖經》（*The Practice of Management*），系統性地提出目標管理的概念。

他對目標管理的定義是：**一種以目標為導向，以個人為中心，以成果為標準，使組織取得最佳業績的現代管理方法。**

隨著經濟環境的變化，以及公司組織形式的豐富樣貌，一種新型態、更注重聚焦的目標管理工具 OKR 應運而生。

二十世紀七〇年代，安迪・葛洛夫（Andy Grove）帶領的 Intel 最先推出了 OKR 的方法，並且讓 Intel 成功轉型，使其有了新一輪的飛躍。之後，包括 Google、Amazon、LinkedIn、Facebook（Meta）等明星新創企業，也開始使用 OKR，並且憑藉 OKR 打造指數型的成長。在中國這幾年，一些新創企業也率先導入 OKR，時日雖短卻同樣打造不少驚人的成就。

❷ OKR 只適用於企業？當然不是！

既然 OKR 對於企業管理而言如此神奇，是不是只能應用於企業呢？對於個人而言，是不是也能夠應用 OKR 實現自己目標的管理？我們常說，要把自己活成一個團隊、活成一家公司，事實上，公司的營運和管理方式，也同樣適用於個人。

我們就是「自己」這家企業的 CEO。

我們的思考、行動、創新……最終的目標都是希望「自己」這家企業，能夠獲得更好的成長，獲得更大的收益，實現基業長青。

目前市面上的 OKR 相關書籍和資料大多都是從企業管理的角度切入，即便 OKR 其實是每個人都有所需求，但是如何透過 OKR 幫助建立個人的目標管理系統，目前相關的書籍和資料仍然不多。

因此，我基於自己多年來的個人成長，以及在企業中運用 OKR 的管理實踐，再結合經營社群過程的經驗，對 OKR 這個企業目標管理的工具，進行了個人化的調整，將 OKR 從針對企業的目標管理系統，轉化成為一套人人可用、人人可實踐的「個人 OKR 目標管理系統」。

許多人說，人生是一場等速的馬拉松，但我覺得，人生應該是一場由一次次衝刺短跑組成的馬拉松。我們可以把人生目標當作這場馬拉松的大目標、終極目標，而過程中一次次衝刺短跑就是我們的 OKR 階段性目標。

以我跑馬拉松的經驗為例，我在 2014 年因為減重而開始跑步，在這個過程漸漸地愛上跑步。從一開始跑三公里就氣喘吁吁，到後來五公里輕鬆搞定，然後發現自己一個人跑不過癮，乾脆拉著朋友一起跑，報名參加各種十公里的路跑活動，直到 2015 年，完成了我第一個全程馬拉松比賽，才稱得上是一個馬拉松的業餘愛好者。而在跑馬拉松這42.195 公里的過程，除了要保持相對比較快的平均配速，另一個需要注意的點，就是要在適當的時候進行階段性衝刺。

例如，當你在奔跑過程發現前方有一個對手的時候，當你看到十公里線、二十公里線的時候，當你看到終點線在前方招手的時候，這時都需要適當地加速衝刺一段時間。

當進行階段性衝刺，超越這些目標之後，就可以再恢復原有配速繼續奔跑。之後又看到新目標了，那就再加速，加速之後再恢復等速，

接著再加速，再等速……如此就會形成一個個由衝刺短跑組成的馬拉松長跑。

也就是說，我們面對較長期的人生目標，並非永遠都是保持相同的平均速度向前推進，而是需要一次次地衝刺、一次次地達成階段性目標，才能夠逐步實現。累積完成階段性目標，不斷實現一個個小成就，就構成我們整個人生過程。

❸個人 OKR 目標管理系統

有沒有更好更有效的方式幫助我們好好達成人生各種階段性小目標呢？答案就是：個人 OKR 目標管理系統。

之前動機系統篇章所提到的人生使命和目標，是可以讓我們一起床就熱血沸騰、元氣滿滿的宏偉藍圖。但畢竟這些目標都太宏大，難度也太高，達成目標需要耗費的時間也很長。

目標宏大、時間太長，很容易就會產生壓迫感，一旦過程中遭遇意外或挫折，就很可能令人懈怠，甚至一蹶不振。

而 OKR 就是幫助聚焦於階段性目標，知道在不同的時間細分階段，釐清最重要的事，聚焦之後採取行動取得關鍵成果。這種階段性目標，也能夠讓人更加有熱情、有興奮感、有期待感。

當然，個人目標管理可以使用的方法也很多，最常見的就是年初制定目標，列出計畫，年底進行總結，但是很遺憾，大多數人的年度目標，在年底總結時都以失敗而告終。

以下分享我的 OKR 實踐之路，我是偶然間因為《OKR 工作法》（*Radical Focus*）這本書開始有系統地學習 OKR。當時，我還在之前

的中央企業從事業績考核工作，每天密密麻麻的任務和目標，總是不斷地受到阻礙、甚至停滯，面對毫無進展的專案，一籌莫展。

我也在反覆思考，如何才能真正聚焦最重要、最有價值的事情？於是，我向主管建議，可以在我們的部門進行一次 OKR 的嘗試。

主管對於嘗試新方法很開放，也支持我進行一些探索與實踐。於是，我開始讓團隊嘗試實行 OKR。

但現在回頭來看，第一次的 OKR 其實並不順利，一方面是我自己當時對於 OKR 的理解有限；另一方面，團隊成員對於 OKR 不理解，沒有獲得團隊支持也導致工作陷入僵局。

最終，我的第一次 OKR 嘗試以失敗告終。

但是，我對於導入 OKR 的想法一直不死心。直到後來辭職創業，依然對 OKR 念念不忘，在公司成立初期，就不斷地灌輸成員 OKR 的理念，替大家進行 OKR 的培訓，也同時累積對 OKR 運用的經驗。

在時機相對成熟之後，我開始在公司內啟動 OKR 實施計畫，從零到一，建立公司的 OKR 系統，包括如何設定 OKR 目標和關鍵成果，如何每週一召開例會溝通計畫、每週五開「啤酒派對」慶祝成果，以及怎樣對 OKR 進行動態調整等。

在公司內部實施 OKR 的同時，我也鼓勵所有員工，從個人成長角度建立自己的 OKR 目標管理系統，形成一種聚焦且階段性衝刺的目標執行模式。經過近半年的不斷嘗試、覆盤、修正，我發現 OKR 對於公司發展或個人成長都有非常大的推進作用。

OKR 不只是企業目標管理的利器，同樣也是個人成長過程的目標管理利器。

而這半年多的 OKR 測試，其實也是在為 108 社群的發展進行探索。108 的核心理念是共同成長，但是我們在第一期進行的時候發現一個大問題：

　　大家走著走著，自律著自律著，很容易就會陷入一種疲倦狀態，一開始很積極、很開心地記錄每日行動日誌，但時間一長，就開始鬆懈。這種為了打卡而打卡的感覺，嚴重影響了自律的持續性。

　　而 OKR，就是解決這個問題的最佳方式。

　　於是，108 第二期進行全面的調整，導入 OKR 作為推動社群共同成長的核心工具。透過 OKR 引導和鼓勵成員在 108 天的時間裡，找到自己的階段性目標，向這個目標衝刺，而且在過程中設置里程碑和正向回饋。

　　每一位學員，都會在加入初期設定自己的 OKR，同時要錄製一段 OKR 影片，公布自己接下來 108 天中最重要的三個 OKR，讓每個成員監督。

　　從最終的結果看，OKR 的效果非常驚人。許多學員都感慨，當初覺得一年都完成不了的目標，竟然不到一百天就能搞定！我開玩笑地說，108 自律行動營，更像是一個減重營，因為大多數學員都有一條健身減重的 OKR，根據我們的統計，每期約兩百人，很多都是 3 公斤、5 公斤地掉肉，平均每人體重竟然減了近 1.5 公斤！

　　不得不說，來自 OKR 的目標感，時時刻刻鼓勵每一位學員，依照自己的目標行動、取捨，而不是陷入形式化的行動打卡，讓行動有成效，讓衝刺有效果，讓目標不再淪為美好的裝飾品。

　　自律的開啟需要一個入口，需要扣動一個扳機。個人 OKR 目標管

part

2

理系統，就是入口、扳機、按鈕，能夠幫助我們走向自律之路的最佳工具！

2. 一張圖讀懂 OKR

而對於個人，要如何讓神奇的 OKR 來幫助我們實現目標管理呢？

在此我以「OKR 四象限圖」來說明，這張圖基本上已涵蓋關於 OKR 的所有核心元素。當然，「OKR 四象限圖」可能與一些相關書籍的內容有所差異，因為這是基於個人 OKR 所做出的調整改良版。

這裡我們就參照「OKR 四象限圖」，一起學習 OKR 的核心要素：

❶時間週期

OKR 的設定週期通常為季度，也就是三個月的時間，為什麼設定為三個月呢？

因為從階段性時間來看，年度目標時間點顯得太長，我們經常在進行的過程就把年度目標遺忘了，很容易產生懈怠。而月目標、週目標的時間通常又不足以完成一個相對具有挑戰性的目標。

因此，季度目標更能夠保持我們對目標實現的節奏感。

❷目標

目標，是 OKR 中的 O，就是階段性目標，在 OKR 四象限的右上方第一象限。

在這個季度裡最希望實現的目標是什麼？最希望達成什麼狀態？這就是目標。而關於 OKR 的目標設定，有三個核心要素：

OKR 四象限圖

第二象限	第一象限
本週覆盤	**目標（O）**
✔計畫（P1）：＿＿＿＿＿＿	關鍵成果 1（KR1）：＿＿＿＿（60%）
✘計畫（P1）：＿＿＿＿＿＿	關鍵成果 2（KR2）：＿＿＿＿（50%）
✘計畫（P1）：＿＿＿＿＿＿	關鍵成果 3（KR3）：＿＿＿＿（80%）
✔計畫（P2）：＿＿＿＿＿＿	
……	
註：✔代表計畫完成；✘代表計畫失敗	註：包括 O、KR、信心指數等三部分
第三象限	第四象限
下週計畫	**本月計畫**
□計畫（P1）：＿＿＿＿＿＿	□計畫（P1）：＿＿＿＿＿＿
□計畫（P1）：＿＿＿＿＿＿	□計畫（P1）：＿＿＿＿＿＿
□計畫（P1）：＿＿＿＿＿＿	□計畫（P1）：＿＿＿＿＿＿
□計畫（P2）：＿＿＿＿＿＿	□計畫（P2）：＿＿＿＿＿＿
……	……

第一，少即是多。

一個季度不要設定太多目標，集中精力辦大事，最多設定三個 OKR。許多人一下子就為自己設定了一籮筐的目標，但是事實上，

part
2

OKR 之所以受到推崇，就是因為 OKR 能夠讓我們極度聚焦。

「80/20 法則」提到，我們工作中百分之八十的價值，源於百分之二十的工作，其餘耗費百分之八十精力的工作，產值只有百分之二十。那麼，為什麼我們不把核心精力都聚焦於關鍵要務呢？

許多人設定目標時事無巨細。例如依前文所提富足人生五個要素，每個要素之下都設定 OKR，然後將「與父母聯絡感情，每週打兩次電話」這種事情也放入 OKR 系統，這就是大錯特錯了。

一定要記住，OKR 是真的能夠為你帶來決定性變化，能夠產生重大價值的事情，而不是你的計畫清單，這一點非常關鍵。

樊登博士曾經解讀過《OKR 工作法》，他提到一句話，說得非常好，後來我也經常以這句話提醒我兒子，一定要聚焦，那就是「將軍趕路，不追小兔」。因此，OKR 一定是你作為一個將軍要做的重要事情，而不是無關緊要的小事。

第二，充滿熱情。

OKR 的目標通常只需要用一句話描述，表達最想實現的狀態是什麼。當我們寫下目標的時候，不要使用平淡的語言，而是以能夠產生強烈興奮感、充滿熱情的敘述。

每天早上一起床，檢視 OKR 目標，就能夠讓人感覺到熱血沸騰。

例如，有些人的 OKR 目標是減重。這種敘述過於平淡，一直喊著減重，感覺都麻木了。要如何調整呢？「甩掉肥肉！」「我要變身超模！」之類的，發揮想像力，去描述一種自己夢寐以求的狀態，才是好的目標。

第三，具有挑戰性。

職場工作者有個很熟悉的工具，那就是 KPI（Key Performance Indicators，關鍵績效指標）。KPI 是一種績效考核工具，經常與薪資息息相關，但是 KPI 有一個弊端，就是會讓人在設定目標的時候趨於保守，下意識地為了完成目標而將目標設定較低，這樣達標獲取獎金的機率就會增加。

OKR 則會鼓勵設定富有挑戰性、激勵人心的目標，讓人挑戰自我，擴展能力邊界。

當然，設定挑戰性目標，不代表設定「不可能完成」的目標。大家在確定自己的個人 OKR 目標系統的時候，一定要注意這一點。

在 108 社群有一個規則是，完成 OKR 目標就可以提前畢業，因此可能有成員為了能夠早點畢業，為了讓自己看起來很厲害，故意設定相對簡單的目標，看似完成度不錯，但事實上，這是一種自我欺騙。相較於能夠合格畢業，我們更加希望社群成員可以真正找到那個有挑戰的目標為之奮鬥，即使沒有成功，也是一件值得慶賀的事情。

高目標的優勢在於，人會有衝擊夢想的衝動，而這股衝動對個人而言，就像一個重新啟動或發射的按鈕。要讓有挑戰性的目標，刺激自己。

每個人在設定自己的 OKR 時，都要真實地面對自己，對自己負責，試著挑戰自我，這才真的有趣而且有意義。

❸關鍵成果

關鍵成果，就是 KR，是 OKR 最核心的要素。所謂 KR，就是「有哪些關鍵成果能夠證明目標（O）已經完成」。

在此仍然以減重為例，當目標是「瘦成超模」，則想要瘦成超模，有哪些關鍵成果，能夠證明這一點？我能想到的是：

KR1：從 70 公斤減到 50 公斤，或是減重 20 公斤

KR2：練出馬甲線

KR3：長高 15 公分（這個難度有點大）

又或者，目標是通過 CPA（Certified Public Accountants，註冊會計師）考試。那麼 KR 是什麼呢？

KR1：完成教材系統研讀一次，包括完成全文閱讀＋課後習題

KR2：對課後習題的重點難題、重新梳理答錯題目，完成二次複習，並且確保九成正確率

KR3：完成補充教材系統研讀兩次

KR4：對補充教材的重點和歷年試題進行二次複習

你應該已經注意到，KR 就是從不同的角度去證明自己一定能夠完成目標，這些是最關鍵的成果。只要你完成這些關鍵成果，目標就一定是完成了。

有些人可能會說，像考試這種存在機率性的事情，有可能 KR 都完成了，但還是沒通過考試。沒錯，考試有一定的隨機性，但是當 KR 真的能夠按照上述的要求高品質地完成時，其實通過不通過考試都沒有那麼重要，因為你一定已經掌握足夠的專業知識和技能，這才是核心關鍵。

❹信心指數

在 OKR 四象限圖的第一象限，每一個 KR 後面都有一個括號，裡

面還有數字，這個叫作信心指數。比如，60% 就代表這個 KR 你有六成的把握能夠搞定。

為什麼要設置信心指數呢？有以下兩個原因：

第一，信心指數可以評估目標挑戰難度。

前面提到，所有的 OKR 對你而言都是具有挑戰性的，不是輕鬆就能完成，因此一開始的信心指數，不可能是百分之百。

因此，大家在設定 OKR 的時候，信心指數為 70% ～ 80% 是最佳狀態，這樣難度比較適中，當然也可以更難一些。如果信心指數為 50% ～ 60%，則表示目標設定得比較高。

但這就是 OKR 的魅力所在，高目標會激發人的潛力，而不是總讓人待在自己的舒適圈。

第二，信心指數可以動態評估目標完成度。

要特別注意的是，KR 後面的信心指數並非一成不變，而是動態調整。每一週，我們都需要對 OKR 進行檢視，檢視時有個步驟，就是重新評估信心指數，檢視下降還是上升。

例如，當這週工作完成得不錯，感覺對於目標更有把握，那麼就把信心指數調高，反之調低。這個動態評估，能夠幫助覺察自己的狀態好或不好，也是一個調整自己狀態的方式。

❺本週覆盤

第二象限是每週覆盤，週檢視並非事無巨細地去回看上週，而是集中精力對上週涉及 OKR 的週計畫進行回顧，檢視計畫是否完成。完成的直接打勾，沒完成的打叉。而沒完成的事項，要在下方寫出未能

完成的原因分析，進而有助於下一週進行調整。

不覆盤，不回頭反思，就會讓自己進入一種自動導航的狀態，很容易出問題。

在週覆盤時，需要與 OKR 進行對照，同時根據 OKR 完成情況，修改信心指數，動態評估 OKR 的執行狀態。

一週覆盤就像是一個重啟按鈕，你會發現，有的時候一週過得很充實，有的時候特別沮喪，沒關係，這也是大多數人的狀態。我們要做的就是，在覆盤之後重新啟動自己。上一週已經過去，更重要的是接下來這一週，再次投入新的衝刺狀態。

❻下週計畫

第三象限則是下週計畫，要對下一週的工作做出安排。也就是針對想要完成的 OKR，你的下週計畫是什麼。

❼月計畫

接著是月計畫，在圖中的第四象限。月計畫也就是把季度 OKR 進行任務拆解，拆解到每個月，要條列出下一個月具體要做的工作。

月計畫讓我們能夠對季度的時間週期進行再切分，讓工作任務在時間上更加細分和明確。

關於月計畫、週覆盤、週計畫，我以 P1、P2 表示，P1 代表必須要做的事情，是重要性和優先度高的，而 P2 則相當於給自己留有餘地，重要程度沒那麼高。這也是為了讓我們有一個挑戰自己的概念。

以上就是透過 OKR 四象限圖，來幫助大家進一步理解 OKR 的核

心要素。理論搞定之後，接下來，我們就一起進行實踐，一步一步地教大家如何設定自己的 OKR。

3. 設定個人 OKR

OKR 的設定，是需要靜下心來認真思考完成的一件事，不要只停留在感覺差不多的狀態，要把 OKR 設定當成一件很重要的事情來看待，要花精力和時間，才能找到對你真正有價值的 OKR。找到真正有價值的 OKR，才能確保接下來的行動都是高價值的產出。

在此我以自己 108 天的 OKR 為例，跟大家分享如何設定 OKR 與相關注意事項。

❶步驟一：找出你最想要在接下來的 108 天裡實現的目標

這裡為大家提供一個參考方法，拿出你在第 1 章確立的「人生基本法」，然後從其中富足人生五要素的目標中進行挑選。

這裡要注意，OKR 一定要盡可能聚焦，因此不要超過三個。

例如，我的富足人生目標是從人生意義層面去找，關於工作的其中兩個目標是這樣的：（1）讓「108 自律行動營」為用戶帶來真正的自律蛻變，創造出真正覺醒的關鍵時刻；（2）微信公眾號能夠為讀者提供持續、穩定、高於預期的閱讀體驗。

在情感部分，我的目標是讓父母、妻子、孩子過得更舒服，更開心。在智力層面，則是走出舒適圈，讓自己的知識和能力結構更加多元化和系統化。至於身體方面，我拒絕做一個油膩的中年男人。

大家回顧一下，在制定目標時一定要遵守的三個原則：一是少即

是多；二是充滿熱情；三是具有挑戰性。

因此，我在挑選 OKR 目標時，就要從中找出真正適合我在這一個季度要實現的目標，而且不能全部都寫上，這樣反而稀釋了自己的精力和關注度。

最終我選擇的就是核心的 OKR，一個是關於創業方面的公眾號發展，一個是關於智力方面的個人認知提升。

此外，這兩個 OKR 已經經歷過一個季度的完整檢驗，因此，大家也能夠看到當時這兩個 OKR 的最終執行效果。

❷步驟二：找出目標（O）對應的關鍵成果（KR）

這兩個目標（O），相對應的關鍵成果（KR）是什麼呢？

首先來看，我的公眾號相關目標。

目標（O）：為讀者提供持續、穩定、高於預期的閱讀體驗

KR1：24 小時平均閱讀量提高至每日 3 萬次（50%）

KR2：新增 6 萬用戶（50%）

KR3：取消關注用戶控制在 1 萬以下（50%）

KR，就是可以證明目標已經完成的重要量化指標，而以上的三個 KR 也是公眾號營運過程最核心的幾個指標。

後來我的 OKR 完成情況：

KR1：基本完成，平均單日閱讀量從原先的 1.5 萬提升至 2.9 萬

KR2：超額完成，新增用戶達到 18 萬的大幅成長

KR3，超額完成，取消關注用戶控制在 5,000 以內

總體來看，執行成果不錯，但依然有潛力可以更好。

再來看看，智力方面的目標。

目標（O）：走出舒適圈，讓自己的知識和能力結構，更加多元化和系統化

KR1：完成「得到」App 中，經濟學、管理學、金融學三門課程的系統學習（50%）

KR2：閱讀十本非虛構類書籍（70%）

KR3：完成每日學習記錄和學習筆記（60%）

而最終的結果其實並不理想。

KR1：未完成，管理課程學了一半，而其他兩門課程則尚未開始

KR2：已完成，因為籌備書籍和課程，需要大量閱讀輸入

KR3：部分完成，學習筆記相對隨性，未能形成系統化輸出

總體來看，勉強及格但對成果並不滿意。

❸步驟三：根據 OKR 進行任務拆解並執行

確定 OKR 之後，接下來就是行動。我們將 OKR 進行拆解，包括月計畫、週計畫，然後逐步執行。

在執行過程有一個非常重要的部分，就是把 OKR 視為行動提醒。因為，我們經常會在瑣碎小事的忙碌中迷失，反而忽略了最核心的 OKR。

OKR 四象限中的計畫，更像是一個項目或任務，而不是一個可以具體操作或執行的動作。

如果你計劃要讀十本書，這個項目需要進行下一步拆解，拆解到我們每天的時間安排之中。例如，你需要思考一天之中哪些時間是可

以完整使用於學習，哪些時間是可以進行碎片化學習。你在不同的時間使用時應該讀哪些書，這也需要自己去思考和分析。

在執行的過程，OKR 更像是一個提醒，時不時要對照自己的 OKR，去思考現在手上的工作到底是不是與 OKR 相關，一旦發現手上的工作並非核心 OKR，通常有以下兩種情況：

一種是常態性工作，那麼就加快速度搞定；

一種是無意義的工作，占用了我們寶貴的時間，必須立刻砍掉。

要根據 OKR 對任務進行拆解和執行，也就是不只要有計畫，還要行動，否則最終計畫只會淪為黃粱美夢。

本週覆盤	目標（O）
☐ P1：建立穩定的寫作系統，包括選題、框架、觀點精選、素材累積、品質標準的系統化方案 ☐ P1：建立讀者福利方案，包括每日福利及留言回覆，和讀者做朋友 ☐ P2：建立公開課實施計畫，擴展用戶 ☐ P2：規劃每日寫作時間，穩定執行	為讀者提供持續、穩定、高於預期的閱讀體驗 KR1：24 小時平均閱讀量提高至每日 3 萬次（50%） KR2：新增 6 萬用戶（50%） KR3：取消關注用戶控制在 1 萬以下（50%）
下週計畫	**本月計畫**
P1：建立讀者福利方案，包括每日福利及留言回覆，和讀者做朋友 P1：建立公開課程實施計畫，擴展用戶 P2：規劃每日寫作時間，穩定執行	1. 建立原創投稿管道 2. 考慮招募內容主編 3. 更新個人互推文案

❹步驟四：每週檢視，定期追蹤回顧

週計畫不只需要執行，還要每週進行回顧。

許多時候，我們的工作狀態混亂，就是因為太不喜歡回顧了，走到哪兒算到哪兒，幾乎沒有進度掌控，這是目標管理過程的大忌。

因此，在每週五或週末的時候，要對這一週進行覆盤，同時對下一週做出計畫。

附上我這兩個 OKR 具體的四象限圖，供大家參考：

本週覆盤	目標（O）
□ P1：制定每日學習計畫，重點規劃學習時間 □ P1：確定十本書單，重點放在經濟、管理、金融經典書籍 □ P2：建立個人學習筆記公眾號，專門記錄自己的學習狀態（考慮中） □ P2：啟用「TickTick」App 的「番茄計時」功能	走出舒適圈，讓自己的知識和能力結構更加多元化和系統化 KR1：完成「得到」App 中，經濟學、管理學、金融學三門課程的系統學習（50%） KR2：閱讀十本非虛構類書籍（70%） KR3：完成每日學習記錄和學習筆記（60%）
下週計畫	**本月計畫**
P1：啟用「TickTick」App 的「番茄計時」功能 P2：建立個人學習筆記公眾號，專門記錄自己的學習狀態（考慮中）	1. 根據一週學習情況，進行優化調整 2. 思考如何將個人學習筆記內容與週記結合 3. 根據每週學習情況，輸出一篇學習總報告

從最終的結果來看，第一個 OKR 基本上是完成的，我也很開心，在寫下這段文字的時候，我的公眾號讀者已經從一開始的二十萬成長到五十多萬，雖然單篇文章的閱讀量稍有起伏，但也向前邁進了一個階段。

但是第二個 OKR 的完成狀況並不好，我也做了相關的分析，發現還是過於樂觀地評估了自己的學習能力和時間，因此在接下來的一個季度，我對學習的 OKR 重新進行了審視和設定，找出更合適的學習強度和方式。

以上，就是設定 OKR 的四個核心步驟。接下來，則是幾個需要提醒的注意事項。

❺注意事項

（1）OKR 的實踐需要耐心。

相信大家在看完 OKR 的制定過程之後，也已經摩拳擦掌、躍躍欲試了，在此要特別提醒的是，因為在 OKR 的實踐過程一定會遇到瓶頸和障礙，一定會產生懈怠，因此需要不斷地在實踐過程中理解摸索，並進行優化調整。

即使到現在，我也依然在不斷地優化 OKR 制定過程，包括 OKR 進度分析表、OKR 每週回顧方式、OKR 的信心指數分析等等。

OKR 的實踐過程，就是一個屢戰屢敗、屢敗屢戰的過程。

（2）OKR 的動態調整。

OKR 並非一成不變，而是需要動態調整。當遇到障礙，或是在執行過程發現目標過低或過高的時候，都需要即時進行調整。

因為 OKR 的設定並非一勞永逸，而是要根據實際情況進行動態調整。就像我在學習方面的 OKR 未能完成，代表目標顯然設定過高，那就需要進行調整。

當然，OKR 也絕不是隨意或無限制調整。如果 OKR 總是變動，代表 OKR 的制定不夠認真嚴謹。

在修正 OKR 的時候，可以把它當作一個加速器。修改 OKR，就是在更新你的 OKR，更新就是加速成長的過程。

我們在執行目標時，經常會有一個錯誤的慣性思維，一旦目標未能完成，就很容易被打回原形。但是之前提過，OKR 是一個非常具有挑戰性的目標，你最初的信心指數只有百分之五十，那麼，即使目標沒有完成，對你而言，其實並非不可饒恕，這件事本身就會幫助減輕心理負擔。

減輕心理負擔帶來的關鍵要素，就是在面對 OKR 執行過程中出現的問題，會更加放鬆地進行總結和改善。

看似有挑戰性的目標無法完成會造成壓力，但 OKR 反而會讓我們理直氣壯地認為，出錯是正常的，只需要改正完善就好。因此，OKR 反而成為我們修正後續計畫的一個加速器。

透過 OKR，能夠達到較小壓力下的持續更新調整。

（3）OKR 的「啤酒派對」。

OKR 以季度作為整體的目標時間段，以一週為計畫的執行週期，持續對目標進行覆盤。在我們公司執行 OKR 的過程，有一個必要環節，叫作「週五啤酒派對」。在每週的最後一個工作日，團隊會坐在一起，邊喝酒吃零食，邊對 OKR 的執行情況進行總結，對下週計畫進行梳理。

這其實是給自己一些達成目標後的儀式化獎勵，用以激勵團隊。而對於個人而言，也可以設置屬於自己的啤酒派對，例如給自己一些象徵性鼓勵。這就涉及我們在後面章節中會講到的成就系統，要建立適合的「正向回饋」。

本章知識覆盤

1. 我們用一張四象限的圖，詳細介紹目標管理工具 OKR，一共涉及七個要素，包括時間週期、目標、關鍵成果、信心指數、本週覆盤、下週計畫、月計畫。

2. 以我自己的 OKR 為例，介紹設定 OKR 的方法以及注意事項。

3. 本章內容提到週覆盤，我們在下一章將會系統化介紹覆盤的意義和方法。

第 5 章

覆盤
高頻、深度、持續覆盤，自律最強補給站

在第 4 章，我們透過學習和使用 OKR 來進行個人目標管理，在 OKR 的四象限圖中，第二象限叫作「本週覆盤」，以下我們就對覆盤繼續進行深入探討。

在品質管理領域，有個公認的科學程序，叫作 PDCA 循環，由 Plan（計劃）、Do（執行）、Check（檢核）和 Act（行動）四個單字的第一個字母組成，其中很重要的一道流程，Check（檢核），就蘊藏覆盤的含義。

在 108 社群中，也同樣非常推崇覆盤文化。我們為學員設置了兩個任務卡，一是每天的行動日誌；二是每週的 OKR 週檢視，藉由每日覆盤、每週覆盤，讓我們真正形成覆盤習慣，而這種覆盤文化，也使我們在自律的路上，不斷地調整和優化自己的行動。

1. 如何系統化理解覆盤？

首先，先問大家一個問題：你還記得昨天自己做了哪些事情嗎？別急，為了讓大家更有章法的回憶，可以用「工作、學習、生活」來

分類。

例如，工作，你寫了幾份報告？打了幾個客戶回訪電話？清理自己的辦公桌？都可以。學習，你聽了一節課程，聽了一本書？生活，陪小孩讀書，為戀人做了一頓飯？諸如此類。

好，給大家五秒鐘的時間，閉上眼睛，回想一下昨天一整天的行動和成果。

我曾經在之前的公司部門內部做過一次覆盤的培訓。當時也同樣提出了這個問題，當然，這個回憶只聚焦於工作方面。

而同事的答案五花八門，聽到一半時，部門主管已經聽不下去，直接下了命令：「以後，大家每天下班之前要寫好自己的工作日誌！」──這種工作日誌，就是對自己一天工作的回顧和整理。

在時間管理領域，有一本書叫《奇特的一生》（*This is Strange Life*），傳主前蘇聯昆蟲學家柳比歇夫在二十六歲時獨創了一種「時間統計法」，把一天之中每個事件所花費的時間都進行精準記錄，持續統計和分析，進而提高自己的時間使用效率，而這種近乎變態嚴苛的時間統計法，他沿用了五十六年，直到逝世。

而正是這種時間統計方法，讓柳比歇夫對時間的感受非常敏感，對時間的利用極為高效，也讓他留下了讓世人震驚的學術成果，發表了七十多部經典學術著作，成就傳奇的一生。

這與 108 要求成員寫行動日誌類似，讓自己對一天之中的時間和行動有感受，不能糊里糊塗地過去。

當然，社群的行動日誌要豐富得多，而剛才所提的時間記錄，可以稱為一種初級的覆盤。如果你連自己做了什麼都不知道，那還怎麼

繼續高效地推進工作呢？

為什麼說是初級覆盤呢？因為，覆盤不只是一種簡單的記錄，更重要的是要從記錄中找出自己的思考，累積行動的經驗，讓經歷留下痕跡，從經歷中獲得未來行動的指導原則。

曾國藩能文能武，功績卓著。但是，從他寫的書信中可以發現，在曾國藩三十歲之前，是一個很笨拙而且經常出現惰性的人。而他認為自己這一生最大的改變，就源於三十歲時為自己確立的「脫胎換骨」計畫。

當時他眼看著自己要三十歲了，卻依然渾渾噩噩在京城打混，連自己都看不下去了，於是下定決心要改變。

確定這個計畫之後，他做的第一件事，就是遍訪當時的名士、大儒名師，想研究這些厲害的人到底是怎麼做的。

結果他發現，但凡成就高的那些人都有一個共同的習慣，那就是堅持寫日記。

於是，「三十歲脫胎換骨」計畫的第一項，就是寫日記，每日記錄自己的所見所思所想，不斷覆盤自己的人生。當然，曾國藩的覆盤過程並非一帆風順，也時常會出現倦怠，也會不斷地被自己打臉，但是，每天的日記幫助他透過高頻率的覆盤，修正自己的言行，漸漸養成超級自律的習慣。

我們或許無法成為聖賢完人，但至少可以像曾國藩一樣，靠著高頻、深度、持續地覆盤，來獲得自我進化。

那麼，覆盤有沒有什麼標準定義呢？其實，覆盤最初是源於圍棋的一個專有名詞。

在圍棋界，幾乎所有棋手都遵循一條真理：每次無論輸棋贏棋，要做的不是立即欣喜、沮喪，而是沉靜地覆盤。

這裡的覆盤，是指棋手在完成一盤棋之後，重新推演棋局，對之前做出的每一步選擇，進行檢查、分析，審視其中的優劣得失，進一步加深對這盤棋的理解，找出攻防漏洞，提升技能。

簡單地說，覆盤就是從旁觀者的角度，為自己剛才下過的那盤棋，做一次「找碴＋按讚」。不只找到缺陷和劣勢，還要找出優勢和特長，然後進行思考歸納。

後來，覆盤一詞從圍棋逐步向各種體育運動延伸，甚至是股市分析，接著又延伸到各個企業的經營管理之中，聯想集團的創始人柳傳志就非常推崇覆盤文化，建立了聯想的覆盤方法論。

2. 覆盤對於自律有何作用？

覆盤對於個人自律有什麼作用？作用非常大，以下我結合自己長期覆盤的經驗，為大家做一個系統性的整理。

❶覆盤提供「不斷重新啟動自律」的機會

大家一定有過類似曾國藩為自己設定「脫胎換骨」計畫的經驗：下定決心要大幹一場，但是堅持沒幾天就打回原形，從自律到墮落，撐不過一週，然後就崩盤了。

我用「崩盤」二字，是不是非常生動。許多人可能都處在間歇性自律和間歇性崩盤之間，起起伏伏。而覆盤，就是要讓我們在自律的路上獲得足夠而及時的補給，防止崩盤。

今天工作效率很低，狀態很差，大多數人會覺得明天自然就會好，結果明天永遠沒有到來。但是懂得覆盤的人，則會分析今天狀態不佳的原因，然後找出新的策略，把腦海裡的「願望」寫下來，強化自己的願望清單。這種自我強化會大大地減少我們崩盤的可能性。

從國中開始，我就有寫日記的習慣，後來在工作之後，我將日記變成了週記，每週進行覆盤。每一次週記其實都是我自律狀態的一次階段性評估，如果滿分是十分，那麼，一週之後重新做一次評估，看是不及格，還是優秀。這個自我評估非常有趣而且有益，最大的好處就是：會讓人有一次重生的機會。

覆盤就像是 Reset 鍵，上週狀態很差，一鍵清空，著眼於當下和未來，讓覆盤成為自律的補給站。

❷覆盤幫助挖掘「自己」這座寶藏

在運動競技領域，「覆盤」一詞出現的頻率極高。

我們知道，足球巨星 C 羅是一個超級自律的人，他對身體非常愛護，訓練極度嚴格、飲食極度克制。但很多人忽略了，身體上的自律只不過是 C 羅取得成功的一個因素，足球這件事絕不是練成一個肌肉猛男就可以搞定。足球是一項集體運動，身體是基礎，而能否成為超級球員，核心是腦子，要有球商。

紀錄片《足球金童 C 羅》（Ronaldo），展現了他作為一個覆盤狂人的本色。他每天晚上回家之後都會和兒子玩一會兒，而即使是玩，他也要打開電視播放錄影回顧。每次比賽結束之後，C 羅第一時間就要拿到團隊準備好的比賽錄影，從整體分析比賽，從細節推演歸納，

一次次傳球，一次次突破，一次次射門，每一個鏡頭都要回看，為的是找出其中的漏洞或不足，為下一場比賽做更好的準備。

運動員如此，對於我們一般人而言，覆盤同樣重要。

我們都說，想要精進就要刻意練習。練習其實是相對機械性，刻意則要求大腦保持高度運轉，一萬個小時不經過大腦的機械式練習，帶來的提升非常有限，而一旦加上刻意，用上大腦，便會事半功倍。覆盤，就是讓人帶著大腦回看自己做的事，進而獲得加速提升。

中國第三方支付拉卡拉集團創始人孫陶然同樣推崇覆盤，他不只一次提到覆盤對於成長的重要性，即「人的成長有三種途徑，一種是向書本學習，一種是向身邊的人學習，另外一種尤其重要：是向自己學習」。

所謂的向自己學習，就是覆盤，透過覆盤從自己身上挖掘潛能，以旁觀者的身分，客觀理性地剖析過去的自己，向過去的自己學習。這也是個人實現快速成長的第一捷徑。

❸覆盤，讓成長留下痕跡，讓進化變得持續

不知道大家有沒有這樣的困惑，為什麼有人只工作了一年，卻比許多工作三五年的人看起來更加專業、老練？是其他人不夠聰明？還是不夠努力？

最關鍵的，是因為這些人比其他人更快找到工作中的套路。

所謂套路，就是幾乎不用思考就可以拿來套用的框架、流程、經驗，並將其轉化成一種在自己身上的能力，隨時隨地都可以使用。套

路，最吸引我的一點，就是可以把複雜的事情簡單化。

例如，我寫文章。許多人會說，K 叔，你以前每天要加班工作，還要維持公眾號日更，是怎麼做到的？我的答案就是：套路。

我的寫作套路是什麼呢？

我的寫作套路

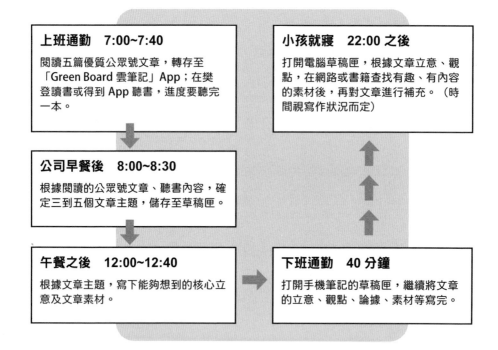

上班通勤 7:00~7:40
閱讀五篇優質公眾號文章，轉存至「Green Board 雲筆記」App；在樊登讀書得到 App 聽書，進度要聽完一本。

公司早餐後 8:00~8:30
根據閱讀的公眾號文章、聽書內容，確定三到五個文章主題，儲存至草稿匣。

午餐之後 12:00~12:40
根據文章主題，寫下能夠想到的核心立意及文章素材。

小孩就寢 22:00 之後
打開電腦草稿匣，根據文章立意、觀點，在網路或書籍查找有趣、有內容的素材後，再對文章進行補充。（時間視寫作狀況而定）

下班通勤 40 分鐘
打開手機筆記的草稿匣，繼續將文章的立意、觀點、論據、素材等寫完。

以上就是我一天之中寫文章的時間表。是不是看起來很繁瑣，很零碎？

確實是如此，我當時要上班，要加班，還要陪小孩，只能不斷地

覆盤自己的每一天，然後從中找到可以支撐我繼續寫作的時間。

這個運作模式並非在我寫文章的第一天就確定下來，而是經歷了不斷覆盤、不斷調整的過程。時間不夠如何優化？寫作導致太晚睡覺，如何調整？寫文章時間容易失控，如何調節？

這也是我堅持寫作兩年以來，依然能夠維持公眾號日更的最主要關鍵，就是確定了一個可以持續輸出的寫作套路。

不斷地回頭看自己踩過的每一個坑，然後千方百計把它填好，才能形成一個相對穩定的套路，支撐我穩定地輸出。

於是，看起來很難、很複雜的事情，在套路之下就簡單許多。

覆盤，則會讓這個套路不斷優化，任我所用。

3. 如何高效覆盤？

一個人的成長，本質是自我進化。而自我進化的核心路徑就是覆盤。如何才能高效覆盤？三個核心關鍵字：高頻、深度、持續。

❶高頻

覆盤的頻率，決定了自我進化的速度。

每年年初，大家經常都會為新的一年設立目標和計畫，但是每年的計畫到了下半年，也就忘個一乾二淨了。為什麼呢？

因為覆盤的頻率太低了！

許多人的年度計畫真的只是一個季節性行動，做完了就擱置一旁，不再回看，不再覆盤，等到年底想起該做個整理時，再把年初的計畫翻出來，含淚總結。

其實這種事情我以前也做過，年初滿懷雄心壯志決定要大幹一場，到了年底就小心翼翼地包裝一下自己的個人總結，似乎看起來還不錯，其實心裡知道，又荒廢了一年。

直到我找到自己的覆盤工具：週記，把覆盤的頻率從以年為單位，變成以週為單位，每週都要覆盤，回顧這週的計畫完成情況、目標達成進度，以及需要下一週進行哪些調整。

有一次我和一位讀者聊天，他也持續在寫週記，我說：「每週寫完週記，都會覺得上週的自己太傻了。」他深表贊同。一旦發現之前的自己，與原定計畫有所差距和錯誤需要彌補與修正，就會深自反省並乖乖調整計畫和行動，全力讓下一週的自己別過得那麼傻。

此外，週覆盤有一個很重要的前提，就是一定要百分之百真實地還原記錄。

在我的週記裡，無論當週狀態好還是不好，都會如實記錄，因此許多週記的小夥伴會私訊我，覺得週記裡的我和公眾號裡的我不一樣，以前以為我是自律大神，後來才知道，我也有荒廢時光的時候。

對啊，我又不是機器人，也有七情六欲、喜怒哀樂，但是只有高度真實，才能讓自己更準確地找出問題，進而更新成長。

❷深度

覆盤的深度，決定了自我進化的品質。

覆盤不是淺嘗輒止，否則永遠都只會流於表面。

因此，我在寫週記的這些年，始終在推進自己，進行更加深度的思考。以前的週記更多的是家中瑣事，大多是生活的流水帳，但我知

道，這種流水帳的記錄，並不能幫助自己成長突破。

於是，我開始刻意地在週記加入自己的獨立思考，要有自己的觀點。但觀點不是從腦子裡隨便飛出來的，而是要透過持續輸入和深度思考，才能夠表達出來。然後，我的週記又增加了讀書心得，以及深度思考的部分，為的就是讓自己建立知識體系和系統的價值觀，而不只是停留在低層級的循環。

之前訂閱李笑來老師的專欄時，偶然看到一則讀者留言和李孝來老師的回覆，現在看來很能感同身受。

李笑來老師在訂閱專欄裡一直鼓勵大家要根據文章內容輸出自己的感受和觀點，而這位讀者一定是思考再三，發現實在沒什麼可說，於是便留下「還是下不了筆留言」這幾個字。

這種想說又不知道說什麼的狀態，我非常能夠理解。就跟我最初開始寫文章、寫週記一樣，寫個一百字就覺得寫不下去，哪有那麼多話可說呢？

但隨著持續有效輸入，輸出便自然而然，有時候寫到興奮，明知道要晚睡熬夜，還是完全控制不住自己，因為想說的話太多了。

這種從無到有的狀態，就證明了只有不斷覆盤，以持續輸出推進持續輸入，才能達到向上生長的正向循環。

就像李笑來老師回覆那位讀者：「今天能夠寫出第一條留言，明天就能寫出第二條。今天能寫一句話，明天就能寫兩句話，最後變成一段話、一篇文章等。每個人的成長都是這麼一點點累積起來的。」

❸持續

覆盤的持續性決定了自我進化的上限。

自我進化是一場長跑比賽，而不是跳高比賽。一時之間跳得高，看起來厲害但沒用，大家比的是耐心，比的是持久，比的是誰能堅持到最後。

我的覆盤週記，就是把週記變成每週必須要做的事情。我覺得，堅持一年的週記覆盤，確實會讓自己的人生有一種截然不同的飛躍。

我的第一篇週記，其實是受當時一位豆瓣友鄰的影響。記得剛開始他的週記文章大多是隻言片語的隨筆記錄，結果有一天偶然看到他的一篇文章，文筆老道、觀點犀利，讓我刮目相看，點進去一看，我才意識到：週記真的起了很重要的作用。

起初，在小組裡大家都躍躍欲試要持續寫週記，但最後做到的只有他一個人，而那將近半年的週記，竟然可以讓他有如此大的改變。

當時他的週記已經有相當的規模，並且開始付費訂閱，我想都沒想就決定付費，然後開始觀察他的週記內容，無論是生活、讀書還是個人管理，都給我很大的啟發。

於是，我也行動起來，開始了自己的週記之旅。

本以為週記只是讓生活擺脫混亂，但沒想到，寫到差不多十幾篇的時候，我發現週記已經無法滿足自己的表達需求，於是便開始輸出文章，結果一下子被推薦到豆瓣首頁，增加了數千名粉絲，這也是我一開始寫作的種子讀者，我當時也不會想到，未來的自己可以慢慢擁有一萬、十萬、二十萬，到現在超過六十萬讀者的跟隨。

而這些事情的發生，都是因為兩個字：持續。

4. 有沒有合適的覆盤工具？

在此建議的覆盤工具，就是行動日誌＋每週 OKR 目標追蹤。在此我要提醒一點：覆盤，要以個人 OKR 為主線貫穿始終。

在第 4 章所提的 OKR 四象限圖，其中月計畫、週計畫、週覆盤都是以 OKR 為基礎，而每日行動日誌則同樣有單獨的 OKR 檢視區塊，每週檢視同樣是聚焦於 OKR 的推進情況。

也就是說，希望能夠透過每週檢視、每日行動日誌，將 OKR 的覆盤落實到每週、每天，持續高頻地對 OKR 進行審視。

如果有一天，在行動日誌的 OKR 檢視區塊，發現沒有什麼可寫，這個時候就要注意，是不是今天一整天完全都沒有進行和 OKR 相關的事情。OKR 是這段時間最重要的目標，如果忙碌一整天，竟然都與 OKR 無關，那真的需要進行調整。

如此一來，本章所談的覆盤，就和上一章所提的個人 OKR 目標管理系統相互貫穿。從最初的 OKR 制定，到月計畫的制定，到週計畫的制定和每週檢視覆盤，再到每日行動日誌的覆盤，從上到下，形成完整的串連，讓我們對自己的 OKR 能夠更加專注和聚焦。

本章知識覆盤

1. 覆盤的定義，是要讓我們對自己的生活有所感受，並且去思考、修正和更新。

2. 覆盤對自律的作用：讓人不斷重新啟動自律狀態，挖掘自己這座寶藏，以及持續成長。

3. 覆盤的三個關鍵字：高頻、深度、持續。

4. 進行覆盤的核心，是利用行動日誌和 OKR 週檢視兩大工具。

第6章
時間管理
工具三次迭代，人生三種進階

我們在第 5 章系統性地說明覆盤，也提供兩種覆盤工具：行動日誌和 OKR 週檢視，幫助在「行動系統」中建立自己的覆盤習慣，達到精進成長。

本章將聚焦於時間，聊一個老生常談的話題：時間管理。

當然，僅有一章的內容，是無法承載已經發展非常龐大的時間管理系統，幾乎每一種時間管理理論都能擴充為一本書甚至數本書的份量，因此在本章，我將帶領大家換一個角度重新審視這些繁雜的時間管理理論，透過理性的思考來尋找最適合自己的時間管理方法。

開始之前，我先分享一個身邊的故事。

讀研究所時，我有一個非常刻苦、超級自律的同學，臨近畢業，大家都在找工作，但他就是全心全意備考博士，真的是很自律：每天準時早上六點起床看書，然後就去圖書館，到晚上十點多才回宿舍。但是最終的結果是，三門筆試有兩門是全校第一，但另一門英語幾乎是墊底，最終未能進入口試階段。

接著，他沒去找工作，而是繼續考博士，在學校旁邊租了一個小

part
2

房子，還是每天非常自律地學習。第二年的考試，很遺憾地又是同樣的結果，還是英語扯了後腿。

後來我們班級聚會，他沒到。大家聊起這件事，都佩服他的自律，但是他的室友很耿直地說，那根本不是自律，明明英語最差，可是分配給英語的複習時間卻很少，怎麼可能通過！

確實如此，如果連時間都分配不好，即使每天看起來很自律，也不能稱之為真正的自律，行動夠自律，但在思維與時間管理層面卻非常懶惰，何談自律呢？

因此，時間管理也是在行動破冰期必須學習和掌握的技巧。

時間管理的相關理論有許多分支，也有各種書籍可以閱讀，一個章節的內容無法窮盡所有，但是我會從更高層次提供不同的時間管理理論應用，供大家選擇參考。

簡單而言，本章並非介紹時間管理方法論，而是讓大家重新思考一個經常會忽略的問題：自己到底適合哪種時間管理方法？

1. 時間管理理論的三次迭代

你是否想過，時間管理的各種理論到底是何時誕生的呢？或許，我們可以想像，如果穿越回古代，還有「時間管理」嗎？

穿越回農耕時代，大多數人可能就過著漁樵耕讀的生活，那時資訊的密度非常低，每天的事情不太複雜，自然也不需要進行複雜的時間管理。

接著，工業革命來臨，工廠興建起來了，工作複雜度提高，但其實工人的分工也更細，難度依然不高。這個時候，是工廠管理者要面

對的工作開始變得複雜，不只要考慮工廠業務的運轉，還要考慮資金的運作，還要做好工人的管理，工廠管理者的時間分配開始成為一個棘手的問題，此時，才逐漸開始出現時間管理的研究。

而從工業社會進入資訊社會，也就是我們現在身處的時代，一切都變了。無論是農民還是工人，以及面對更多複雜任務的管理者，都會面臨時間管理的問題，由於環境愈來愈複雜，資訊密度愈來愈高，過去漁樵耕讀的生活已經成為奢望，有太多事情需要在有限的時間內處理。

於是，時間管理的理論研究應運而生。

現在，時間管理已經成為一門顯學，關於時間管理的書籍、課程非常多，這也間接說明了在這個時代，可用時間愈來愈稀缺，我們迫切地渴望能夠透過時間管理的工具和方法，讓生活跳脫混亂，變得更加有序、高效和精采。

但是，時間管理理論五花八門，例如，史蒂芬・柯維提出的「時間管理矩陣」（Time Management Matrix）、博恩・崔西在《時間管理：先吃掉那隻青蛙》（*Eat That Frog!: 21 Great Ways to Stop Procrastinating and Get More Done in Less Time*）所提的「三隻青蛙」時間管理法、大衛・艾倫（David Allen）的「GTD」（Getting Things Done）工作管理系統，還有義大利經濟學者帕列托（Vilfredo Pareto）最先提出的「80/20法則」等，你是否因此覺得困惑，到底自己應該用哪些方法，才能真正好好利用時間呢？曾經有位讀者和我說：這些時間管理理論根本互相衝突，有的要我透過時間管理工具，多做一些事情，但有些又要我過極簡生活，別做那麼多。到底是要多做還是少做啊？

其實這就是時間管理的理論和實踐出現嚴重的脫節。

因此，我們首先要明白：不同的時間管理理論並不衝突，而是需要根據自身情況進行綜合判斷和使用。

就像前述讀者的問題為例，做多，是指在有限時間裡盡可能提高效率，是從「做一件事」的效率角度著眼；做少，是指要盡可能選擇推進重要的事情，是從「選擇一件事」的角度出發。

其實彼此之間並不衝突，而且若能綜合使用，會對我們非常有益。重新梳理這些紛繁複雜的時間管理理論和工具，可以總結成一句話：時間管理經歷了三次迭代，而迭代過程則承載著個人發展的三個階段。

❶第一次迭代：從清單法到時間管理矩陣和三隻青蛙時間管理法

時間管理理論最早的雛形，其實是清單法，把每天要做的事情列出清單，一條一條劃掉。這可能也是大家最常用的方法。

清單法在使用初期效果還不錯，但是很快會發現，清單通常是大事小事都條列其中，清單劃來劃去，好像挺忙的，結果劃掉的卻總是簡單而且產值低的瑣事，一天結束，重要的事情依然躺在清單之中。

此時，便出現了時間管理的第一次迭代。最早有系統地討論時間管理議題，是管理學大師彼得·杜拉克的《杜拉克談高效能的 5 個習慣》（*The Effective Executive：The Definitive Guide to Getting the Right Things Done*），他提到：管理者一定要「抓大放小」，分清「輕重緩急」。

之後，史蒂芬·柯維在《與成功有約》所提第三個習慣「要事第一」中，進一步闡述非常經典的時間管理模型——時間管理矩陣。

時間管理矩陣

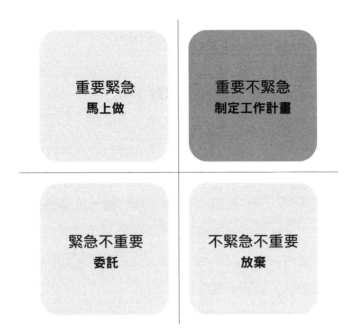

時間管理矩陣的核心，是找出不緊急但重要的事情，提早行動，才能避免變成緊急又重要的事。我們要防患於未然，而不是讓自己變成一個每天忙著救火的人。

當時同時期也出現博恩・崔西提出的「三隻青蛙」時間管理法，鼓勵大家每天要設立自己最重要的三件事，並且專注高效地去完成。

通常最重要的三件事一定有難度，執行過程也有一定程度的痛苦，就像吃青蛙一樣。想像一下，一天要「吃三隻青蛙」，這種感覺肯定很不好，但當你把這「三隻青蛙」搞定之後，也就證明這一天絕對是高產出、高效率的一天。

時間管理理論的第一次迭代，從清單法到時間管理矩陣及「三隻青蛙」時間管理法，本質都是跳脫清單繁雜的事務，優先執行重要性更高的事情，而不是陷入產出價值極低的瑣碎事務。

❷第二次迭代：從時間管理矩陣到 GTD

時間管理的第二次迭代，來自大衛・艾倫的時間管理經典書《搞定》（*Getting Things Done: The Art of Stress-Free Productivity*），而這套理論也被簡稱為「GTD」。本書最有價值之處在於建立了一整套可供應用的模組架構，形成固定的時間管理套路，無論做什麼事情，只要按照步驟完成，就可以明顯提升工作效率。

而當人們覺得 GTD 很好用的時候，也出現了新的問題，那就是：無論怎麼拚命做事，事情永遠都做不完。

許多人一定也有這樣的感觸，已經用上所有的時間管理工具，但事情真的太多，每天加班都做不完。

❸第三次迭代：從 GTD 到專準主義，從做多到做少

此時，出現了時間管理的第三次迭代，那就是「專準主義」。專準主義背後有一個很重要的原則，就是帕列托法則，也叫 80/20 法則。80/20 法則的核心其實就一句話：要把時間花在刀口上，要讓自己變得更加鋒利，打磨刀刃才是關鍵，花許多時間處理刀背、裝飾刀柄，只會變成一把毫無用處的道具刀。

時間管理理論經過三次迭代之後，並不代表就徹底淘汰之前的理論，而是需要綜合使用。

時間管理理論是死的，但是使用時間管理方法的我們是活的。理論就像是廚師的一套刀具，有切肉、切菜、切水果的，並不是一把刀走天下。

那該如何選擇呢？這跟我們的環境和狀態息息相關，我們要學會在不同的人生階段和不同的環境場景，自由切換各種時間管理工具，進而真正達到掌控時間的目的。

例如，當還是學生時，核心要務就是學習，任務路線不多，目標清晰，清單法足以應對；之後畢業工作，一開始不會承擔太重的工作，同樣可以使用清單法，並且適當地使用四象限法，原則上就可以平穩度過新手期；新手期之後，開始承擔更多的工作，工作複雜度、難度以及數量都明顯增加，此時開始感覺應接不暇，則 GTD 工作管理系統就非常適用；再之後，成為更高階的管理者或主管，工作更加複雜，每天需要做各項決策，卻可能始終沒有突破性成果，這時就需要重新審視自己的工作，從專準主義的視角做出取捨，調整工作內容和比重，達到做得更少但更好的狀態。。

因此，在人生不同階段，對時間管理方法和工具的應用應有所側重。明白這一點之後，就能更加順暢地進行切換，讓時間管理工具發揮更高的效用改善我們的生活。

以上就是時間管理理論的三次迭代及對應的場景模式。

2. 時間管理方法和工具

接下來要進入實務操作，介紹一些實用的時間管理方法和工具，但礙於篇幅，主要與大家分享我自己在實際執行過程的思考和心得。

part
2

❶時間管理 1.0

■ 1-3-5 清單法

清單法是最初的時間管理方法，也最簡單，不做贅述，但這裡要和大家分享一個進階版的清單法，叫作「1-3-5 待辦清單法則」。

顧名思義，1-3-5 清單，就是把一天的事務切分成三類：

第一類：重要任務，每天設定一件；

第二類：中等任務，每天設定三件；

第三類：小型瑣事，每天設定五件。

這種進階版清單法，本質就是為了解決之前所提清單法的排序問題，列出所有清單，很容易抓不到重點，而 1-3-5 待辦清單法則能夠幫助解決排序問題。

而在排序之前，一定要放下「想完成所有事情」的執念，即使一天只完成一件事，但是如果這件事屬於清單中那個最重要的「1」，就表示你已向前邁出最重要的一步。

■時間管理矩陣

史蒂芬・柯維的時間管理矩陣將所有的事情分成四個象限：重要緊急、重要不緊急、緊急不重要、不緊急不重要。

根據要事優先法則，每天開始的第一件事應該是最重要的事，是和長期目標或 OKR 目標直接相關的事。

一般情況下，人都會將困難的事情排在後面，因為這樣的事耗時最長，過程會遇到各種困難，需要對抗自己的不適感受，由於趨利避害的天性，讓人總是會優先做簡單的事情。但是從長遠來看，只有做好最重要的事，不斷地朝目標邁進，才有成功的可能。如果每天都被

許多緊急不重要的事情牽絆，則會離目標愈來愈遠，這就是戰術上的勤奮，戰略上的懶惰。

因此，在一天的開始，一定要透過時間管理矩陣確認：當天第一要務到底是什麼？

■「三隻青蛙」時間管理法

「三隻青蛙」時間管理法其實和 1-3-5 清單法很類似，就是把清單直接縮減為三件最重要的事。

有個實驗可以具體地說明：有一個玻璃瓶，還有一堆石頭和沙子。該怎麼做才能把瓶子填滿呢？

有兩種不同的方式，一種是，先倒沙子，再放石頭，但是你會發現，沙子鋪好之後，再放石頭，只能放進去一部分。另一種方法是先放石頭，再倒沙子，這時沙子會從縫隙一點點地填滿瓶子，最終石頭和沙子都能放進去。

其實，「三隻青蛙」就相當於石頭，而沙子就是不重要的瑣事，只有先把石頭、青蛙搞定，效率和產出才會有快速成長，接下來再處理相對簡單的瑣事，就會事半功倍。

■番茄鐘工作法

還有一種高效的時間管理法：番茄鐘工作法。

茄鐘工作法的原理很簡單，一個番茄鐘是 25 分鐘專注時間 + 5 分鐘休息時間；四個番茄鐘之後休息 15 ～ 30 分鐘不等，可以依據個人情況進行調整。有許多類似的番茄鐘 App，大家可以自由下載，大同小異。

番茄鐘工作法分成四個階段：

第一階段：預估時間，預計一個事項需要幾個番茄鐘完成；

第二階段：記錄時間，每個事項實際花費時間；

第三階段：自我評估，和預期結果進行比較；

第四階段：分析差距，找到問題的根源。

番茄鐘工作法的好處在於此種工作法非常洞察人性，由於人的注意力不可能長期維持高度集中，因此 25 分鐘的聚焦會提醒保持專注，而完成一個又一個番茄鐘則可以獲得即時的成就感和獎勵。當然，在熟練運用之後，還可以調整為 30 ＋ 5，甚至 45 ＋ 5……把小番茄變成大番茄，畢竟 25 ＋ 5 的時間並不一定適用於所有人，找到適合自己的節奏和模式，更為重要。

當番茄鐘累積到一定的數量，人會感到非常開心。就像我當年考博士班，最終累積的番茄鐘接近兩百個，到了後期每天看著愈來愈多的番茄，就覺得離目標愈來愈近。還有本書也是我利用番茄鐘工作法完成的。在寫作過程，我同樣記錄了番茄鐘的數量，從初稿到修改，再到不斷琢磨，最終大約有五百個番茄鐘。

當然，對於時間的掌控力並不是一天兩天就能做到，需要我們反覆不斷地練習，而番茄鐘工作法只是管理時間的一種方式，自己究竟是不是完全適用，還要看實際上如何應用。

❷ 時間管理 2.0

時間管理的第二階段，即 GTD 工作管理系統。GTD 的核心理念是：將心中所有的事情寫下來並且安排下一步的計畫和行動，如此才能心無罣礙，專注當下，高效工作。

大衛・艾倫認為，人的焦慮和不安來源並非因為事情太多，而是有許多事情該做卻沒有做，或是承諾要做卻沒有做。

簡單地說，就是心裡總有沒做完的事，不停地打擾我們。

GTD 工作管理系統，能夠幫助確保執行所有該做的事情，透過將事情羅列出來，從大腦清空，然後放進一個籃子裡，再進行分類處理，讓繁雜的事項都在我們能夠控制的管理系統之內。

GTD 工作管理系統的步驟分成捕捉、理清、整理、回顧、執行五步驟。

一是捕捉：把大腦裡的所有待辦事項都蒐集起來放入整理箱中。

二是理清：開始依序理清事項歸屬，任何事情如果兩分鐘內可完成，那就立刻執行；其他則委派他人處理、丟棄、保留參考、或列入未來執行等等。

三是整理：對於理清後無立即執行的事項確認下一步行動，包括每個事項的計畫和清單列表、保存，讓事項透過外部工具各就各位。

四是回顧：定期回顧檢查各項清單，每日或至少以週為檢視週期，回顧主要的行動、專案、待辦事項，確保進度掌控，並且將新事項納入管理系統。

五是執行：花時間去執行待辦清單，如果把要做的事情變得簡單有趣，大多數人都不會拖延了。

GTD 工作管理系統的核心有兩個重點：一是清空大腦內存，大腦是用來思考，不是用來記事；二是把任務和事項變成動作，無論什麼任務，我們都要知道下一步做什麼。

關於 GTD 工作管理系統的工具有很多，如 TickTick 清單、

Evernote 等，找到自己覺得最方便使用的就可以。

GTD 是「與工具無關」的工作管理系統，可以使用紙筆，也可以使用任何軟體工具。如果一味地追求最完美的工具，反而就是本末倒置了。

事實上，GTD 是一種管理生活和工作的思維方式。學會用 GTD 管理自己的時間，重點不在於工具，而是思維和習慣。更需要的是鍛鍊大腦以提升自己的思維，並且在了解方法、思考方式之後，著眼於全局，認清關鍵要務，理清脈絡至關重要，這會幫助我們更加高效地實現目標。

❸時間管理 3.0

接下來是我最喜歡的部分：專準主義，核心是透過化繁為簡，專注於最有價值的事情。

能力愈大，責任愈大，隨之而來的工作就愈來愈多，感覺怎麼都做不完。

LinkedIn 創辦人雷德・霍夫曼（Reid Hoffman）曾說：「企業家的成功祕訣在於，以恰當的方式，在合適的時候，對合適的項目說『YES』，要做到這一點必須對其他項目說『NO』。」

我們必須清楚認知，什麼事情對於長期目標至關重要，進而回推找出當下最重要的事，專注少數要事才是通往成功的關鍵。

因此，如何成為一名專準主義者呢？要建立專準主義核心思維，有以下三個步驟。

（1）精挑：聚焦最重要的事。

史蒂芬‧柯維說：「重點在於把重要的事當作重點。」要事第一的法則人人都知道，為什麼總會在執行過程又不自覺地做起簡單的雜事？究其原因，就是在觀念上就沒把想做的事真正當作最重要的事。

那麼要如何改變呢？就是要透過我們在本篇「行動系統」所介紹的個人 OKR 目標管理系統、覆盤、時間管理等，讓自己建立起觀念和習慣。

在第 4 章，我們已經設定自己的 OKR 目標，這些目標是最重要的事情，然後，在第 5 章中提醒要依每月、每週、每日的頻率，持續對 OKR 目標完成情況進行覆盤，而這個過程，就是讓我們能夠不斷聚焦於自己的頭等大事。

例如，在進行 OKR 週檢視時，發現這週投入在 OKR 的時間太少，代表時間可能用錯地方。又或是寫行動日誌時，發現一天下來，根本沒有 OKR 相關事項，也同樣顯示可能忽略了最重要的事情。

因此，想要分辨哪些是最重要的事情，就可以利用持續地覆盤審視，持續地問自己，現在做的事情，到底是不是最重要的事，是不是跟 OKR 有關，如此才能真正保持對關鍵要務的聚焦。

（2）簡化：刪除次等瑣事。

簡而言之，就是排除不重要的事情，該如何進行？有三個關鍵字，一個委託，二是拒絕，三是放棄。

委託：我們要學會把「猴子」甩給別人，這並非甩鍋的意思，而是我們可以把事情委派他人來做，自己進行追蹤就可以了。如果要事無巨細地關注所有事情，只會讓自己淹沒在大量的工作之中。

拒絕：就是對於他人的請求，對於外來的工作事務，要懂得說

「不」，也就是不輕易把「猴子」扛在肩上。當然，這裡需要一些拒絕的技巧，但我就不多說了。許多人覺得拒絕是一件不好意思的事情。我在前幾年也一樣，不喜歡拒絕別人，但是當你發現，不懂得拒絕會為自己帶來諸多困難和干擾的時候，真的需要當機立斷。

放棄：意指我們要懂得停損。做一件事，做著做著發現，根本已經無法完成，或是完全走錯方向，那麼，即使走到一半，付出了時間成本，也要堅決地說「不」。放棄無意義、不可能完成的事情，承認自己的暫時失敗，然後騰出更多時間尋找新的重要方向，比執著地在泥淖中掙扎更有價值。

（3）準確執行：專注且堅定地執行。

當我們找出最重要的事，刪除次等瑣事，接下來就要專注地投入行動。這裡的執行，就跟之前所提各種時間管理理論結合起來了。

說到底，在執行層面就一句話：「做就對了！」

許多人可能會說，專準主義不是說要抓重點嗎？

沒錯，專準主義的精髓就是要找到最重要的事，那為什麼還要把專準主義單獨列出作為一種時間管理理論呢？

因為，很多時候，我們在原先的時間管理框架下，並沒有把專準主義、80/20 法則放在最優先的位置，而單獨提出專準主義，就是希望我們在認知上能夠意識到：專準主義是一個篩選器，光是埋頭苦幹還不夠，還要從更高的角度去俯視要做的事情，才能看到全貌。

本章知識覆盤

1. 本章回顧時間管理理論的三次迭代：從清單法到時間管理矩陣、三隻青蛙，再到 GTD 工作管理系統，最後則是專準主義。

2. 時間管理理論的三次迭代，並非淘汰之前的理論，而是需要綜合運用，根據人生不同階段，來制定屬於自己的個人化時間管理模式。

3. 一點提醒：許多人實踐時間管理的最大的問題是「無法持續」，今天覺得這個方法很好，但是用著用著就放棄了。因此，一定要刻意練習，固化自己的時間管理「套路」。

其實人的一生，就是不斷突圍的過程，感到困惑或焦慮的時候，該如何突破重圍？

答案就是「結果」。

我們一定要讓自己有成果、成就、里程碑，簡單而言就是「成事」，把事情完成，自然就突圍而出。

許多時候，我們深陷泥淖，是因為沒有可以讓自己重拾信心的成績，此時只需要一點點小目標的達成，就能夠讓人逐漸重拾信心，漸漸地往大目標前進。而且，更重要的是，成就系統能夠讓人獲得極大的正向回饋，付出的努力有成果回饋，就能刺激持續努力付出。因此，本篇核心內容主要有以下三個層面：

一、正向回饋，要建立自己的正向回饋系統，重視成就里程碑，讓或大或小的成就鼓勵持續前進。

二、找回日漸缺乏的專注力，專注力是讓人盡快得到正向回饋的最好方式。

三、微習慣，微習慣的核心是幫助降低習慣養成的難度，降低預期，讓人盡可能輕鬆地取得成就，獲得更多的正向回饋，進而使生活方式最佳化。

" 失去了正向回饋，就像在沒有燈塔的海面上航行，長路漫漫，極易放棄。" ＿＿＿＿＿＿ Kris

結果突圍篇

成就系統

正向回饋、專注力、微習慣

第 7 章

正向回饋
成就里程碑，打造遊戲般的自律上癮

在行動破冰篇，已說明關於行動使用的核心工具，包括 OKR、覆盤以及時間管理，但前行自律的路上並非一帆風順，間歇性自律、一曝十寒，幾乎是多數人的通病。

為什麼運動計畫只能維持三天？讀書總是讀三頁？工作總是拖延？

在本篇章會幫助更深入地了解，如何為自己設計一套成就回饋系統，成為一個持續行動的人，而不是間歇性自律的人。

現在就來說明「成就系統」第一個重要的概念：正向回饋。

1. 為什麼無法堅持？因為缺乏「正向回饋」

你有沒有想過，為什麼滑抖音會有一種上癮、停不下來的感覺呢？為什麼看書、學習、工作，卻很難達到這種超級專注的狀態呢？

背後的祕密就是：正向回饋。

我們的大腦有個「獎勵系統」，其中包括前額葉（主要掌管規劃和決策），還有依核（主要是用來感知愉悅），最後則是中腦的一塊

區域，主要用來分泌多巴胺。

多巴胺是一種神經傳導物質，當多巴胺分泌傳導之後，大腦就會產生愉悅的感受，而我們提到的抖音上癮，其實就是因為在看短片的時候，大腦會分泌大量的多巴胺，讓人出現強烈的愉悅感，這種愉悅感就會讓人完全停不下來。

而且，抖音影片通常很短，一分鐘的影片裡資訊密度很大，一分鐘就讓你開心一次，多巴胺就多分泌一次，於是，就像骨牌一樣，一支影片觸發觀看更多的影片，獲得更多的愉悅感受，也因此形成上癮機制。

抖音帶給人的愉悅感就是一種典型的正向回饋，而且這種正向回饋的頻率非常高，不上癮真的很難。

那麼，再回到我們的現實中，為什麼滑抖音這麼容易上癮，而我們在工作、生活，或是朝向目標努力的過程，卻總是無法達到這種上癮的狀態呢？看書看一會兒就看不下去了，上課聽一會兒就想睡覺。主要原因有以下兩個方面。

一是，朝著目標努力的過程，正向回饋的頻率太低。

例如要複習考試，還有三個月的時間，有好多書要看，好多題目要做，但是在這個過程，很難像滑抖音一樣，一分鐘就開心一次。通常情況是，看了好幾天的書，終於搞懂一個章節，然後做一套後面的測試題，做對了，才算是一次正向回饋。

這和抖音的高頻刺激完全無法相比。

二是，努力的過程中，負向回饋反而更多。

剛才提到，我們辛辛苦苦看了幾天書，做對了幾道題，很開心，

但很遺憾，學習哪有那麼輕鬆？大多數人的狀態是，看了幾天書，做了一套題目，發現對的沒幾題。沒有獲得正向回饋，而是負向回饋，倍受打擊。

正向回饋能夠使人進入良性循環，愈做愈有意思，愈做愈上癮，而負向回饋則會讓人進入惡性循環，愈做愈焦慮，愈做愈崩潰。

基於以上兩點，正向回饋頻率太低，負向回饋經常出現，就會讓持續變得非常困難。

我們可以再思考幾個生活中的案例：

例如，微信朋友圈。我現在幾乎不看朋友圈，但是會時常發朋友圈，而每次發完之後，花在朋友圈的時間就會急遽上升，為什麼呢？

因為，我總想看有多少人按讚，看大家回覆什麼評論，如「K 叔你又瘦了！」或「K 叔，你兒子好帥」之類，看完就覺得全身舒爽，過一會兒就想再看有沒有新評論。

其實，這也是正向回饋。

此外就像「步數排行榜」，在微信或其他 App，都有記錄步數的排行榜，許多人喜歡每天晚上看一下自己的排名情況，排名高就享受首頁霸榜，排名低就會調整隔日的計畫，多走幾步。甚至有人為了能讓自己排名往上，刻意地在房間內不停地走動。

為什麼大家這麼痴迷這個排行榜？

因為大家希望自己獲得好名次，得到大家的按讚。這些也是正向回饋。

108 社群的自律教練會對學員的作業進行點評和精選，從中能夠明顯感受到，許多學員對於自己的作業表現非常在意，為什麼？

因為點評和精選會為學員帶來正向回饋，做得好，能夠得到精選。反之，如果自律教練完全不關心學員的作業，那麼大家做作業的熱情一定會大幅下降，因為任何人都對石沉大海的事情無法提起興趣。

此外，108 社群鼓勵召開小組內的 OKR 目標追蹤會，其實也是一種正向回饋的設計，若是一個人朝著目標奔跑，很容易會感到疲憊，因為沒有回饋，不知道什麼時候才是盡頭。

但是當有了社群，就能感受到其他人的回饋，自己的進度如何，需要自我評估，而且要和他人分享，此時就會因為正向回饋而更加積極地推進要做的事情。

因此，為什麼總是無法持續，歸根究柢，就是缺乏必要而高頻的正向回饋。

有一幅很有趣的漫畫《挖井》，內容是一名挖井工挖了許多口井，卻毫無所獲。

如果你是那名挖井工，當每一口井都挖得不夠深，或是運氣不好，一直不見水，得不到正向回饋，很可能就會放棄這個井口去下一個地方接著挖。而事實上，可能只需要再多向下挖一公尺，水就要噴湧而出了。

若是在挖掘的過程，自己主動設定回饋獎勵機制，即便沒有真實的水流溢出，但是會有內心的水流作為回饋，就能夠挖得更深，成功挖出水來。

偏偏大多數人，因為在挖井的過程得不到回饋，只好半途而廢，這是非常可惜的事。

2. 做自己的行為設計專家，讓自律上癮

「正向回饋」對於持續進行一件事非常重要。但可能還是會有人說：在現實中，我得到的正向回饋就是那麼一點點啊，我沒辦法啊，我改變不了啊！

先不急著下定論，我們還是要保持極度開放的心態，來看一個很有趣的實驗。

❶史金納的操作制約實驗

1930 年，哈佛大學心理學家史金納（B.F. Skinner）設計了一個史金納箱（Skinner box）實驗裝置，研究老鼠是如何對獎勵做出反應。獎勵，其實就是「正向回饋」。

史金納把一隻飢餓的老鼠關進一個透明的盒子，旁邊有一個控制桿，老鼠只要推動控制桿，就會有食物進來。最後的實驗結果是，老鼠在進入箱子後，一旦發現推控制桿能獲得食物，就會不停地去推這個控制桿。

我們滑抖音的時候，是不是就跟不停地推控制桿的老鼠一樣呢？

史金納因此得出結論：人的行為可以經過設計，提前設計激勵和獎勵措施，人就會被這些措施所「操作」。

而這個發現也讓史金納在心理學領域開闢了一個新的方向：行為設計學。以前的心理學大多是去觀察人類的行為，然後進行心理治療，而行為設計學則是透過設置機關，去控制人類的行為。

這是多麼神奇的事情，換句話說，我們可以透過巧妙的設計來控制自己的行動。

❷各種 App 的行為設計機制

那麼，把行為設計學利用得最好的是什麼呢？答案就是智慧型手機裡那些使用頻率極高的 App。

大多數 App 最想要達到的目標是什麼？就是讓人花更多的時間使用 App。

例如，每次登入的時候，給你發個紅包，說你被砸中了；在使用過程，利用大數據持續發送你想看的東西；要退出的時候，還會撒嬌似地挽留：「確定不再玩一會兒了嗎？」

還有，幾乎所有 App 都會時不時地彈出對話框，詢問是否打開「訊息通知」，如此一來 App 便掌握了提醒「常回家看看」的主動權。

這些動作都是在想方設法地給予刺激與正向回饋，然後增加人的習慣依賴。

既然行為設計學可以主動製造正向回饋，讓人對 App 的使用產生依賴，甚至上癮，那麼，對於自律而言，是不是也可以透過設置各種正向回饋，進而達到自律上癮呢？

我們從認知翻轉篇就開始強調，一定要主動積極。那就想辦法主動成為自己的行為設計專家，而不是被動接受 App 或不良習慣的隨意擺弄。

❸中國網路小說的上癮機制

我很少看網路小說，但是身邊有許多對網路小說痴迷的人，痴迷程度真的是到茶不思飯不想的地步，此外，國外也有許多中國網路小說的忠實粉絲，甚至自己搭建網站，只要有更新，就立刻翻譯成英文，

有非常大的點擊量。

還有人嫌網站更新速度太慢，乾脆自己學中文，大家想想一個外國人，為了能第一時間看到小說，竟然願意學習那麼難的中文，真的非常神奇，可見中國網路小說背後真的有著非常驚人的上癮機制。

那麼這個上癮機制是什麼呢？

在網路小說中有一個說法，叫「黃金三章」，就是一部小說能不能大紅，基本上在前三章就能看出來，而這三章其實也形成了一種固定的套路，但非常有效。什麼套路呢？簡單說，就是三個步驟：

首先，開篇一定要講出小說的終極目標。傳統的小說都是把結局藏著不告訴你，但是網路小說通常早早就告訴你一個結局，一個終極目標。

再來，小說會把主角的成長路徑清晰地告訴你。說穿了，就是會有一個升級攻略，每完成一項任務，主角就會獲得正向回饋，達成能力進階。例如有些修仙小說，會分好幾層進行修煉，一步步向上走。

最後，也是網路小說非常特殊的設置，叫作「金手指」，這個詞源於遊戲，其實就是作弊器。在小說主角的成長過程，尤其是遇到困難的時候，就會有各式各樣的奇遇，然後逢凶化吉，功力大增。

這就是網路小說讓人欲罷不能的三個上癮步驟。有終極目標，讓你看得到頭；有清晰的成長路徑，一步步升級；有金手指，讓劇情在特定階段加速向前推進。

而自律五大系統，其實就遵循了這三個步驟：

首先，前兩篇，我們都在關注一件事──目標。第一篇的「動機系統」強調的是人生使命和目標，這個目標的維度非常大。接著，在

第二篇的「行動系統」，則是解鎖 OKR，是為了階段性目標而設置。

然後，到現在的第三篇「成就系統」，其實就是「清晰的成長路徑」。所謂成就系統，結果突圍，就是讓人能夠在自律的過程獲得正向回饋，有成就感，有里程碑，不斷審視自己的成長進度，然後清晰地感受自己的成長。

最後的金手指，我更希望本書能夠成為大家在自律路上的金手指。當遇到困難，感到彷徨的時候，可以捧書而讀，給自己一次加速前進的機會。

而這些，都是我們主動積極地去對行為進行設計。

3. 如何透過主動設計，讓我們更容易堅持？

在自律的路上，我們應該如何制定正向回饋的設計呢？答案是：個人成就回饋系統。

如何完成「個人成就回饋系統」？這相當於我們試著為自己的行為進行主動設計，設置正面回饋，進而提升體驗，讓我們更加容易維持自律。

接下來，我們主要說明相關的四個步驟和三點注意事項，首先是四個步驟。

❶設置可量化的關鍵成果

我們在第二篇「行動系統」已經設定個人 OKR 目標管理系統，其中關鍵成果（KR）一定是可量化的結果，在這個過程，有些人可能會陷入糾結：有些目標，真的不知道該如何衡量。

《OKR：做最重要的事》（*Measure What Matters: How Google, Bono, and the Gates Foundation Rock the World with OKRs*）的作者約翰·杜爾（John Doerr）有一句話是說：「任何重要的事，都是可以衡量的。」

如果 OKR 不可衡量，可能是沒有找出夠好的關鍵成果（KR），可能是目標（O）需要優化。

因此，個人成就回饋系統會促使重新審視關鍵成果（KR），確認是否為能夠進行清晰衡量的結果，而不是模稜兩可的結果。

例如，學生要複習考試，其中一個關鍵成果是：複習完全部教材。這個關鍵成果就屬於不可量化的。要讓這個關鍵成果達到一個效果，就是當他人拿著你的關鍵成果，可以對你是否完成這項結果做出準確的判斷。

否則，粗略看一遍也算複習，精讀一遍也算複習，因此這種不清晰的關鍵成果需要再次優化。

❷設置量化成就里程碑

在可以清晰量化的關鍵成果（KR）的基礎上，要主動設置成就里程碑。

還是以複習一本書為例，如果有十章，那就按照章劃分為五個階段。如，第一章到第二章是第一階段，接著以此類推。

如果要減重十公斤，那麼二公斤可以作為一個階段。不同的階段，就是成就里程碑。

為什麼要這麼設置呢？

一方面，可以為下一個步驟的獎勵機制做準備；另一方面，其實

也在幫助細分目標，因為十公斤的目標比較遙遠，很容易就會讓人洩氣，但是當看著二公斤的時候，就會好很多。這個成就里程碑，也能夠讓人達到降低預期，減少完成目標的心理壓力。

❸設置獎勵機制

在設置成就里程碑，對關鍵成果（KR）進行細分之後，接著就是在每個成就里程碑設置獎勵。每次在做這件事的時候我都特別開心。

我以自己當年跑步為例。當時我要減重，就為自己設置幾個里程碑，減重三公斤、五公斤、十公斤都有相對應的獎勵。

例如，減三公斤的時候，為自己買一雙新跑鞋，減五公斤的時候，替自己換一套跑步裝備，減十公斤的時候，為自己添購一支夢想已久的運動手錶。

有人可能會說，你這減重一次的花費好多，我沒有那麼多錢買這些啊！

當然，對於獎勵的設置有幾個原則：

第一，要根據自己的經濟狀況設置。

第二，設置的獎勵最好能夠比平時的消費水準高一點點。

例如，平時穿戴國產品牌，那可以考慮買雙 adidas 或 Nike。平時捨不得吃日式料理，那複習完成一個階段就去大吃一頓。只有高於平時消費水準的獎勵，才能給予更高程度的正向回饋和刺激。

第三，獎勵的設置不要過於影響自己的狀態。

有些人複習過程給自己的獎勵是出去玩一週⋯⋯這就有點過了，說不定七天回來，之前養成的狀態已全然消失，或是進入狀態又得七

天，時間有限，要格外珍惜。

第四，獎勵的設置可以創新。

獎勵不一定非要為自己買東西，也可以做一些一直想做但沒做的事情。我有一個同學，當年考研究所的時候很辛苦，但他給自己制定的獎勵機制非常有趣，就是每達成一個里程碑，就去一次博物館、免費講座或展覽。他本身對這些事情非常著迷，而進行這些活動不需太大花費，時間也不會過長，半天就可以搞定。

這種獎勵機制可以讓他名正言順地把時間花在自己的興趣上。而在里程碑設置獎勵，也就是正向回饋。

如果做一件事，進行很久都得不到回饋，那就乾脆自己設置回饋。

❹堅持追蹤，持續覆盤

設置獎勵之後，接著就需要持續追蹤進度，持續進行覆盤。

第 5 章關於覆盤的部分，已經介紹兩個工具：行動日誌與 OKR 週檢視。

這些動作看似繁瑣，感覺是在占用時間。但事實上，覆盤其實花不了太多時間，相較於平時浪費的時間，這些時間真的不值一提。此外，OKR 一定是這個階段最重要的事情，對於重要的事情花費時間，本來就是應該的。

以上就是打造「個人成就回饋系統」的四個步驟，在本章最後，會附上個人成就回饋系統的範本，提供作為參考。

其次是打造「個人成就回饋系統」的三個注意事項。

❶個人成就回饋系統和 OKR 一脈相承，但不限於 OKR

前面所提的個人成就回饋系統設計四步驟，與 OKR 是一脈相承，無論是量化結果、成就里程碑、獎勵機制還是持續追蹤，都是針對 OKR 的關鍵成果（KR）而設置。

但是，這並不表示個人成就回饋系統只適用於 OKR，日常生活中幾乎所有目標都可以設置回饋系統，達到成就里程碑，給自己正面回饋，設計儀式感和成就感。這樣看似麻煩，但是等到回頭看的時候，會發現這樣帶來的正面積極力量遠比付出的時間有價值。

例如，我們家每年都有一個儀式，就是一家四口去照相館拍照，其實做這件事挺麻煩的，帶著兩個頑皮的孩子很費勁，但是當全家人坐在一起，看著一年年累積的照片，回憶每個人的點滴成長和變化時，真的非常幸福。

因此，個人成就回饋系統可以更加廣泛地運用在各種層面。

❷相信團體的力量

我個人的成長與參加各種社群密不可分，無論是公司內部的讀書會、培訓班，還是在線上參加各種價值不菲的社群，都讓我在團體中汲取到更多的力量，讓自己的成長更具持續性。

社群之所以為社群，是因為社群會形成一種社交吸引力，這種吸引力會成為每個人向前走的推動力。這些推動力的表現形式通常都是一種正向回饋。

例如，在 108 每個人都要發布自己的 OKR，其他學員會按讚評論；當週的 OKR 完成得很棒，大家會給予鼓勵；這週的 OKR 沒完成，心

裡就會擔心，沒完成 OKR 感到有點不好意思，這個不好意思也是一種間接的正向回饋，敦促人花時間完成。

因此，大家一定要相信團體的力量，保持開放。

一個人走，總會有疲憊的時候，但現在絕不是一個人，有太多有價值的社群可以參與，不要過於封閉自己，而是和志同道合的夥伴，互相給予正向回饋，共同成長。

❸關於獎勵，要發揮想像力

最後想提醒關於獎勵的設置，之前所提的獎勵只是範例，大家完全不用拘泥於此，可以充分發揮想像力，找到更多激發熱情的獎勵。

獎勵一定要讓自己有所渴望，不痛不癢的獎勵其實無法具備多大的作用。

|案例參考| 某 108 自律行動營學員的 OKR

O：蛻變成一個又瘦又美的小仙女！

KR1：減重 10 公斤

KR2：在 108 天內，有 80 天睡足 7 小時美容覺

KR3：在 108 天內，有 80 天持續敷面膜

個人成就回饋系統如下：

O：蛻變成一個又瘦又美的小仙女！

KR	里程碑 1	獎勵	里程碑 2	獎勵	里程碑 3	獎勵
KR1	減重 3 公斤	一雙跑鞋	減重 5 公斤	一套跑步裝備	減重 10 公斤	一趟比基尼海灘旅行
KR2	完成 20 天	……	完成 50 天	……	完成 80 天	……
KR3	完成 20 天	……	完成 50 天	……	完成 80 天	……

備註：

1. 以上里程碑和獎勵僅供參考，可根據實際情況進行設置。
2. 設置獎勵不要太隨意，適當地有所花費或設置以前想做而沒有做的事情，要讓自己真的對獎勵有所渴望，效果更佳。

part
3

本章知識覆盤

1. 探討無法持續的原因，關鍵的一點就是缺乏適當的「正向回饋」。

2. 透過主動積極地設計自己的正向回饋機制，做自己的行為設計專家，讓自律上癮。

3. 學習設計自己的個人成就回饋系統，按照四個步驟和三個注意事項，建構自律上癮機制。

第 8 章
專注力
找到你的自律最優體驗

第 7 章說明了「正向回饋」的概念，同時鼓勵大家建立自己的個人成就回饋系統。本章我們將有系統地學習一種能夠最直接、快速、有效地獲得正向回饋的狀態：保持專注。

請試著回想一下，當我們專注地完成一件事之後，這種高效的狀態是不是會讓人有一種特別暢快的感覺？這也是一種正向回饋。

而值得欣喜的是，這種因專注而獲得的正向回饋，不需要像之前所提的成就里程碑，要等三十天、五十天那麼久，只需要高度專注一個小時以上，就能夠享受這種正向回饋的美好體驗。

這種狀態在正向心理學有一個專有名詞，叫「心流」。

我們已經學習了 OKR 目標管理的方法，「成就系統」篇章的正向回饋也是以 OKR 為基礎設計規劃。

從時間角度來看，OKR 依然是一個相對長期（三個月）的目標，使人在一定時間內維持對一個目標的聚焦。

但是，要達成一個階段性目標，歸根究柢，是要把目標進行細分拆解，直至拆解到當下這一刻，任何未來的目標，都是透過當下目標

part
3

的累積才得以實現。

因此，專注力其實是從更加微觀的角度出發，將關注點落實到每一個任務，每一個計畫，每一個執行步驟，確保在當下的每一刻，維持極致的專注。

專注力真的是現代人最寶貴的財富。為什麼呢？第一，在這個資訊爆炸的時代，人所接收的資訊量非常龐大，甚至已經造成不小的資訊負擔，而專注力則是保護自己時間和精力的最大武器。

第二，專注力在哪裡，生產力就在哪裡。想要成為什麼樣的人，就要看在哪個領域投入更多的專注力。

第三，一般所提的時間管理，通常是在講一件事耗費多少時間，但是真正能夠具備產出價值的，不只是簡單的時間長度，而是在這個時間之中，到底有沒有足夠的專注度。

因此，如何更加深入地理解專注力，進而達到「心流」狀態，找到自律的最優體驗呢？

1. 聰明人對自己的專注力極度吝嗇

既然專注力是人最大的財富，那麼，就應該極度珍視自己的專注力，甚至要以一種超級吝嗇的「守財奴」方式，來保護專注力。

❶認知能量與認知吝嗇

為什麼在生活中，我們總是不由自主地在揮霍自己的專注力呢？

在此先來說明一個概念：**認知能量**。

當人對一個問題進行分析、判斷、記憶甚至想辦法解決的時候，

是需要消耗自身的能量，而這就是認知能量。

可以這樣比喻，認知能量就像是一顆電池，每天只有二十四小時的電量，扣除吃飯、睡眠等時間，電量連一半都不到，想要創造高效自律的一天，關鍵就是對於這不到十二個小時的電量如何進行分配，讓產出更有價值。

此外，還有一個現象叫作「**認知吝嗇**」，就是指人會自然而然地節省自己的認知能量。

例如讀書，看一本武俠小說和看一本相對枯燥的教科書，顯然教科書會更燒腦，耗費更多的認知能量。因此，如果讓人毫無壓力地自由選擇，那麼大家多半會選擇武俠小說，因為讀起來不費勁，這就是所謂的認知吝嗇。

再舉個例子，許多有小孩的父母，可能都有替小孩輔導功課的經驗，此時會發現，小朋友在做練習題的時候，一旦不會，很容易就馬上提問，或是等人給答案，這其實歸根究柢也是源自於人類的「認知吝嗇」，自然而然地想要不費力就可以得到答案。

說穿了，就是人更喜歡讓大腦進入一種「自動導航」的狀態，這種放空狀態就是專注力的相反面向。

於是雖然明明知道維持專注很重要，但「認知吝嗇」的天性，又很容易讓人進入「自動導航」的狀態，於是就陷入專注力缺失的痛苦之中，讓人感到糾結。

但是真正的聰明人，會適時地利用這種看似令人糾結的心理，也就是「認知吝嗇」。既然天性如此，那麼，就把有限的認知能量和專注力，投入到最重要、最能夠帶來產出的部分，這種「認知吝嗇」才

是最高階的吝嗇。

❷專注力何其寶貴，不能隨便浪費

在此我試著為專注力下一個定義，也是我對專注力的核心理解：專注力，就是要竭盡全力地善用自己當下時間的價值。

稻盛和夫在《生存之道：對人而言最重要的事》（生き方）裡曾經提到自己在年輕時賺到第一桶金的故事，對我啟發很大。

稻盛和夫在畢業之後找不到工作，好不容易靠著親戚關係才進入一家陶瓷廠。進去之後，發現公司的情況和想像中落差極大，每天的工作就是做枯燥的研發，而且公司也經常延發薪水，由於看不到未來，和他同批進公司的年輕人一個個都離職，他也準備要離開，於是報名日本自衛隊，準備入伍從軍。稻盛和夫順利通過報名考試，只需要準備戶口名簿走完流程就能入伍了。

於是，稻盛和夫就寫信給家人，請他們將戶口名簿寄來，好讓他入伍。結果左等右等，家人都沒有回信，於是他便失去了入伍從軍的機會。

稻盛和夫很失望，有一天遇到表哥便向他抱怨，你們怎麼不回信，原本我現在都可以入伍了。表哥聽了之後很生氣，臭罵他一頓，說家裡好不容易供他念書還託人找了一份工作，怎麼能說辭職就辭職呢？

稻盛和夫聽完之後，覺得非常羞愧。回到公司宿舍就開始想，「是啊，怎麼能因為一點挫折就放棄呢？」從那天起，他下定決心，既然要工作，就要拚盡全力、全心投入。接著，他以公司為家，住公司、睡公司，每天除了研發就是學習，把所有的精力都投入工作之中。

當時，他一直在努力解決一個材料無法黏合的難題，做了很多實驗都沒辦法搞定。但是，他始終全心投入，屢戰屢敗，屢敗屢戰。

直到偶然有一天，他不小心踢翻一桶松香樹脂，松香樹脂就黏在腳上。剎那間，他的靈感來了，這不就是很好的黏合劑嗎？

然後經過測試真的可行。就這樣解決了一個超級難題，讓產品成本大幅下降，原本瀕臨倒閉的公司起死回生，他也因此獲得人生中的第一桶金。

我們覆盤一下，稻盛和夫的故事告訴我們什麼？

靈感很重要？沒錯。

但是，靈感是從何而來？是全心投入、保持高度專注才能獲得。如果是一個對工作很懈怠的人，踢翻一桶松香樹脂，大概只會抱怨一句，怎麼可能因此而解決一個難題呢？

正是因為這種全心投入，才能出現靈感乍現的時刻。

稻盛和夫真的是把這件事做到極致，保持高度專注，才能創造更多的價值。而從另一個角度而言，稻盛和夫對自己的認知能量也是極度吝嗇，他幾乎將所有的精力都投入工作，因為他知道，這件事是目前最重要的事，其他的事情都可以靠邊站。

因此，在投放專注力的時候，需要極度吝嗇，腦中要有一座衡量的天秤，這件事值不值得投入，成本收益是否合理，杜絕自己進入「自動導航」的狀態，造成對生命的浪費。

2. 兩個關鍵解決專注力問題

以上說明了專注力概念並讓大家理解專注力的重要性，接下來就

要進入實務操作。

當尋找解決方法或規劃操作步驟的時候，很容易陷入一種混亂的狀態，感覺有很多事情要做，卻不知道哪些是最重要的事。這時我通常用的方法，就是尋找「最少必要步驟」。

「最少必要步驟」就是要解決一件事最核心、最本質的步驟，就像要把大象裝進冰箱，總共分幾個步驟：第一，打開冰箱；第二，把大象裝進去；第三，關上冰箱。雖然這聽起來讓人忍俊不禁，但其實這就是做一件事的「最少必要步驟」。

回到解決專注力缺失，同樣可以用兩個最根本的步驟處理：第一，從客觀環境來看，要減少選擇。因為選擇太多就會損耗專注力，讓人不得不花更多的時間做決定。第二，從自身角度來看，要增加專注力使用效率。

幾乎所有的方法都不脫這兩個關鍵，一個是「減少」，一個是「增加」；一個講環境，一個講自己。那麼，如何減少，如何增加呢？

❶減少選擇

這一點很好理解。例如，賈伯斯無論是在公開場合，還是在私底下，經常穿著都是：黑色高領毛衣加藍色牛仔褲。因為他覺得，這樣做可以大幅降低選擇決斷的次數，避免因為穿衣選擇消耗認知能量。

之前提過，認知能量就像電池的電量一樣有限，消耗一點，就減少一點，因此要極度吝嗇才行。

就像有人在上班之前，要決定穿什麼，在衣櫃前換了又換，然後終於確定，接著便慌忙地趕搭公車捷運，等到了公司時，可能已經消

耗許多的認知能量，這會影響接下來一整天的專注力。

當然，穿著這件事，不能一概而論。對於有些人而言，穿著對於工作非常重要。例如業務員，出入重要場合時，當然要在穿著上耗費精力。

❷提高專注力的使用效率

我經常聽到學員有這樣的回饋：總是很容易陷入「焦慮」，感覺找不到解決問題的方法。

大多數時候，焦慮的根源都來自於不夠專注，當專注力缺失，認知能量耗損後，卻發現依然無法改變現狀，就會陷入焦慮狀態。唯有行動，可破焦慮，這是從宏觀層面來說的，但只是行動還不夠，還要在行動過程時刻保持專注，才能從根本解決焦慮問題。那麼，為什麼總是無法保持專注？

最直接的原因是，現在在做的這件事沒有讓人感覺夠開心。想想看是不是？

抖音很紅，許多人經常是一滑就停不下來，為什麼？因為開心啊！滑抖音的人看起來都非常專注，但是別忘了，滑抖音這種「自動導航」狀態，其實並非真正的專注，只不過是在消磨時間罷了。而我們要做的，就是想辦法把做事的過程也能變得和滑抖音一樣開心，或接近滑抖音的開心。

在此，再重複提醒無法專注的原因：就是因為那件事沒有讓人感到夠開心，於是根本無法靜下心。這就是缺乏專注力的最直接原因。

3. 如何才能保持專注？

如何保持專注，換句話說就是：怎樣才能讓人開心地完成那些原本讓人感覺不夠開心的任務？關鍵因素歸納起來有三個。

❶以專注增加自己的幸福總量

講專注力怎麼還能講到幸福感了？其實，專注力與我們的幸福感高度相關。

我們在「動機系統」篇章一開始就提到富足人生的五要素，這五要素是需要綜合考慮的，就像是人的五根手指頭，丟棄任意一根都非常痛苦，不能偏廢。

這就導引出一個新的概念，叫作「幸福總量理論」，就是：人所感知的幸福，是在不同方面累積而來，而不是一個單一指標。

我以我太太為例就很好理解了，我太太有一段時間很焦慮，而焦慮的來源就是她為自己設定的三個OKR：第一，學英語；第二，健身；第三，照顧小孩。

看起來很美好，每天的時間分成三大塊，但是很快她就發現，自己完全搞不定。

學英語的時候，她擔心健身課會遲到；健身的時候，她擔心小孩在家可能會哭鬧；帶小孩的時候，她又覺得孩子占據了她學習和運動時間……

結果，本來是很好的三個OKR，卻把自己搞得超級焦慮。

其實，**大多數焦慮的模式都很相似，用一句話來說就是：做一件事的時候，想著另一件事。**

無法集中精神在當下正在做的事情，因此就會愈發焦慮。看著太太那麼痛苦，我就找了機會，為她上了一堂正念課。一行禪師在《正念的奇蹟》提到「在大地上行走就是奇蹟」，當人回歸正念，行走坐臥之間，都能夠做到對當下的覺察和感知，而不是做著 A，想著 B，這種正念的力量能夠使人進入極致專注的狀態。

就像我太太的焦慮：照顧小孩的時候，就好好享受和小孩在一起的時光，因為即使抱怨小孩占用了自己的時間，也不可能改變現狀，而且，並不是小孩占用了時間，而是我太太選擇用這些時間來陪伴小孩，這些時間沒有被誰偷走，依然掌握在自己的手裡。

同樣，健身的時候，就努力讓這段時間發揮最大的價值，產出最好的健身效果，跑步的時候擔心其他事有用嗎？沒用，因此不如把現在的事情做好，做完之後，再去做下一件。

我太太聽完之後覺得有道理，也開始嘗試正念練習。第二天晚上就跟我說，一天下來感覺太棒了，以前會覺得自己的時間總是被各種事情占據，但其實這些時間都是自己的，這些時間用在投資自己、投資家人，時間並沒有被浪費。

她的焦慮情緒也因為正念而消失了。

從幸福感的角度來看，其實這一生我們都在追求幸福感，而幸福感並不是一個單一的概念，而是有無數生活點滴累積而成。就像我太太的幸福感不是靠健身、學習、小孩其中的一件事就能夠達成，而是需要讓這三個計畫甚至更多計畫同時發力，加總之後的幸福感，才是她一天過後真正感受到的幸福總量。

幸福總量就是人生當中每一份體驗的幸福感總和，就是 A ＋ B ＋

C 的幸福感總和。

但是，正因為不夠專注，因此讓計畫之間互相干擾，使人無法專注地完成其中一項任務，導致所有任務完成後，加總起來的幸福感總量直線下降，於是就會陷入焦慮。

以上就是無法保持專注的重要的原因之一。那麼，我們應該做些什麼呢？

就是讓自己專注於當下，保持正念的覺知。努力讓當下的時間發揮最大的價值，而不是陷入無謂的糾結。因為，糾結沒有任何意義。

回到無法專注的直接原因，就是因為做事情時感覺不夠開心。

因此，針對第一點「幸福總量」，就是要告訴自己，把每一個計畫都視為一個讓人開心的任務，這樣才能提升整體的幸福體驗。

❷創造自己的心流體驗

心流在這幾年愈來愈受到關注，概念源於米哈里教授的經典著作《心流：高手都在研究的最優體驗心理學》（*Flow: The Psychology of Optimal Experience*），書中提到「心流，是快樂的源泉。」

要如何理解心流呢？如「心流體驗」圖所示，假設圖中的座標軸代表正在學習的一門課程或從事的一項活動。

與體驗相關的主要有兩個關鍵：一個是學習或活動的挑戰程度，以縱軸表示；一個是學習或活動的熟練程度，技能程度如何，以橫軸表示。

以我自己學習 CPA 課程為例，圖中則顯示在學習過程中我可能經歷的四種狀態。

心流體驗

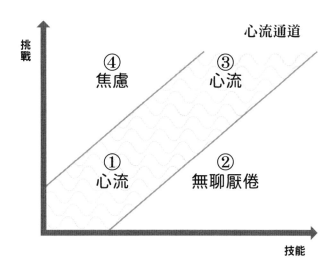

    剛開始啟動 CPA 學習的時候，因為已經對會計基礎知識有基本了解，因此，在書上看到很多熟悉且簡單的概念，感覺非常輕鬆，這就是圖中的狀態①。

    狀態①，代表挑戰難度不大，而我又有一定的基礎，由於挑戰難度與我的技能程度正好相符，因此我看書的過程還是很愉快的。

    這時的我很可能會感受到心流的狀態，但是為時不會太久。

    接著，經過一段時間的學習之後，我對 CPA 知識理解更深入，對於基礎的概念已經掌握，然後就可能會對已知的簡單知識產生無聊厭倦的情緒，這就是狀態②。

    狀態②挑戰很低，但是我的技能已有所提升，因此就會產生厭倦

part
3

的感覺。接著，當我開始學習更難的知識時就發現，學習開始變得複雜，看書看不懂，做題目經常錯，伴隨而來的是自我懷疑。這時候，就會產生焦慮的情緒，也就是狀態④。

狀態④挑戰很高，但是我的技能程度還不夠，相對應就會產生焦慮情緒。狀態②的無聊厭倦，以及狀態④的極度焦慮，都屬於負面情緒，那麼，怎麼做才能重新回到心流狀態呢？

也就是要從負面狀態調整到狀態③，從厭倦或焦慮的情緒進入心流狀態。

從②到③，從厭倦到心流，需要做的是，增加挑戰難度，進而讓自己的技能程度與挑戰相符，不要總是做簡單的題目，因為技能已經有所提高了。

從④到③，也就是從焦慮狀態進入心流狀態，就需要提高自己的技能程度，更努力地學習理論知識，提高答題能力，進而讓技能與挑戰相符。

圖中的狀態①與③，都代表我正處於心流狀態，讓橫軸（技能）與縱軸（挑戰）相互符合的區域，則屬於我們的心流通道。

當能力邊界和事情的難度程度相符合的時候，就更容易進入心流狀態。但是問題來了，在生活中無法維持專注的常見原因，就是學習或工作通常都比較困難，而自己的能力又無法馬上達到符合程度，於是，就會產生焦慮，接著就是糾結、停滯、抱怨以及逃避等狀況。這就是因為我們在心流體驗模型中，站到最上方的區域，目標過高，太具有挑戰性，以自己的程度根本無法達成。因此有人會說，要是現在就已經達到，我還學習什麼？

說得太對了！

既然學習任務這麼難，挑戰這麼高，而自己的程度又還不足，怎麼辦？答案就是：任務拆解。

這裡所需要的是真正能讓困難的事變得簡單、變得更加有趣的方法和技巧。這是人類的天性：一旦曾經覺得很困難的事情變得簡單、有趣，就會做更多這類的事情。這些事情做得愈多，就能創造更多的價值，並且獲得更多的回報。

把工作和學習任務進行拆解，然後一小塊一小塊地做，降低事情的難度，然後一點點累積。

有人覺得考研究所很難，那麼多課程和教材，看一頁，然後就往後翻幾頁，這麼多內容何時才能看完？於是，專注力就消失了。

應該怎麼做呢？其實就是任務拆解。將學習任務進行拆解，例如一個小時內要做什麼，或二十五分鐘內要做什麼。

一提到任務拆解，不得不提到馬斯克，他真的是一個任務拆解大師。他當時確定了一個非常宏偉的目標：

以太空船每次搭載兩百位乘客前往火星，旅行時間大約八十天左右。透過二十到五十次的火星運輸，在火星上建立自給自足的城市。預計四十到一百年後，也許會有百萬人類在火星生存繁衍。

這個目標看起來簡直是天方夜譚，但是馬斯克是如何透過任務拆解，一點點地把這件事情變成可能的呢？

馬斯克首先意識到，火星移民最大的問題，看起來是科技，但歸根究柢是錢，有錢才有接下來的各種移民技術和設備。

那麼，去一趟火星需要多少錢呢？

一個人大約需要一百億美元，這是一個天文數字，許多人看到這裡可能就決定放棄了，但是馬斯克繼續思考，如何才能把一個人一百億美元的成本降到可以接受的程度？他大概估算，如果一個人花二十萬美元就能去一趟火星，應該會有不少人願意在臨終前享受一次太空之旅。

也就是說，移民火星的任務，被拆解為「把一個人的火星旅行成本，從一百億美元降低到二十萬美元。」要如何達成？馬斯克繼續進行任務拆解，確定了四個核心的任務拆解方向：

第一，讓火箭可以重複利用。

之前的火箭都是發射一次就無法使用，非常燒錢，如果能夠回收，將會大幅降低成本，而馬斯克於 2002 年成立太空探索技術公司 SpaceX，致力於實現火箭的回收利用，當所有人都在說他是個瘋子的時候，2018 年他就把一輛特斯拉跑車透過火箭送上太空，而且助推器也成功完成了回收著陸。

第二，讓太空船在衛星軌道上補給燃料。

太空船抵達火星所需要的燃料非常多，如果在發射時就裝滿船艙，火箭負載極重，成本也很高。因此，馬斯克認為，先用助推器把太空船送上太空，然後讓助推器返回陸地裝上燃料，再次飛回軌道，為太空船提供補給，這種方式大幅減少了太空船第一次裝載燃料的重量，降低太空船飛往火星的成本。

第三，在火星製造燃料，達到燃料自給自足。

回程燃料如果在火星製造，同樣可以解決燃料負重問題，再次降低發射成本。

第四，選擇最佳燃料。

馬斯克比較所有可用燃料之後，考量在火星製造的難易程度，最終評估甲烷是最佳選擇。

於是，馬斯克把一個天方夜譚，靠著任務拆解，變成一個個可以解決的問題，就像愚公移山，做一些別人認為不可能完成的事情，但就是這樣的任務拆解，讓天方夜譚變成可能實現的目標。

❸打造遊戲化氛圍和有效回饋機制

許多時候，我們經常會陷入這種狀況：明明知道做這件事情是錯誤的，卻依然還是會去做。

例如，知道明天還要早起上班，卻一直滑手機；知道明天就要交報告，再不寫就要熬夜了，卻依然還是躺在沙發上……

為什麼「錯誤」的選項，在當下顯得非常具有吸引力？

因為，「正確」選項的吸引力（或忽視正確選項的懲罰）在當下顯得很弱，正確選項的吸引力要經過長期才會展現並帶來回報。「錯誤」選項的回報則是立即性的，因此，「錯誤」選項的吸引力會比較強。

例如學習，明明知道學習會讓自己有所提升，但就是無法平心靜氣地入定端坐、好好學習。

這個吸引力就是我們之前所說的開心不開心，在第 7 章的「個人成就回饋系統」已經提到這一點。

滑抖音，數十秒就能讓人開心一次，於是我們會不停地接受這種回饋刺激，愈看愈開心，根本停不下來。

但當人滑一整天準備睡覺的時候，就會有一種極度空虛的感受，

雖然滑抖音讓人在短時間內接收大量的回饋刺激，但是這種開心很容易快速消失。

因此，我們要做的就是盡量把學習或相對複雜的任務，設置成和抖音、遊戲一樣，具有短時間回饋的機制和功能，讓學習、工作遊戲化。

但是很遺憾地，生活並不是遊戲，這種短時間回饋和遊戲化設置只靠自己很難持續做到。

因為大多數真正有價值的任務，本身就有一定的困難度，很容易讓人不開心，並且無法在短時間內獲得正向回饋。

以 108 社群設計回饋的機制為例，包括自律排行榜、行動日誌、精選評論等，這些遊戲化設置，就是希望成員的自律行動能夠在短時間內獲得正向回饋。

感覺今天做得不錯，行動日誌發出來之後，很多人按讚；過了充實的一週，這週積分拿到滿分，這些高頻率的暢快感，就會讓人在獲得回饋的同時，繼續開心地自律下去。

如何保持專注，既要從認知層面理解幸福總量的概念，同時還要利用心流體驗的原理，設置相對應的遊戲化回饋機制，達成高效與專注，找到自律的最優體驗。

本章知識覆盤

1. 對專注力保持高度重視，因為專注力是我們最大的財富，必須極度珍惜。

2. 從實務操作角度學習提高專注力。一方面是從外部環境來看，要盡可能減少選擇，減少認知能量的消耗；另一方面則是從自身角度來看，透過增加自己的幸福總量、創造心流體驗、打造遊戲化氛圍和有效回饋機制來提高專注力。

第 9 章
微習慣
確定小目標，養成微習慣，實現大自律

　　第 8 章說明了「成就系統」非常重要的一個概念：專注力。不知道你是否在閱讀的過程出現「心流」狀態，專注力是最直接、快速、有效獲得正向回饋的方式，但是對於大多數人而言，獲得「心流」體驗並不容易，經常是曇花一現。那麼，如何才能持續獲得這種正向回饋呢？

　　答案是：習慣。

　　俄國知名教育家烏申斯基（Konstantin Ushinsky）曾如此評價「習慣」：「好習慣是人在神經系統存放的資本，這個資本會不斷地增加，一個人畢生都可以享用它的利息。而壞習慣是道德上無法償清的債務，這種債務會以不斷增加的利息折磨人，使人最好的創舉失敗，並把人帶到道德破產的地步。」

　　同樣地，要讓自律能夠持續，也需要把自律變成一種習慣，而不是間歇性自律，那可能真的會是一種自虐。

　　大家還記得以前學過的牛頓第一運動定律嗎？牛頓第一運動定律，其實就是我們很熟悉的「慣性定律」。

牛頓第一運動定律即慣性定律是指：物體如果沒有受到外力作用，其速度的大小與方向就不會改變（物體靜止的時候即是速度為零的狀態）。

其實我們的思考和行為方式，同樣也是遵循慣性定律。

例如，早上起床，有人第一件事是洗臉刷牙，有人是要先上個廁所，這其實都是長期以來形成的一種慣性，也就是：習慣。

那麼，大家是否還記得，自己起床後做第一件事的習慣是何時形成的嗎？

大概不記得了。但我有一位高中同學記得很清楚，也跟我分享了自己的習慣，他起床後第一件事就是：摺棉被。

但事實上，更早之前他也跟許多人一樣，起床後第一件事就是洗臉刷牙，而讓他這個習慣發生改變的原因是什麼呢？

他讀了五年軍校，在這五年之中，養成了早起摺棉被的習慣，即使到現在已經離開部隊多年，還依然維持這個習慣。

因此，從早起後這個很簡單的習慣就能夠看出，慣性定律對於人的習慣養成也是非常適用。

一旦養成一個習慣，就會按照這個慣性維持下去，但是當受到外力作用影響的時候，習慣就有可能發生變化。

第1章提到，任正非帶領華為編寫自己的「華為基本法」，而當時正是華為啟動管理變革的時期，任正非走訪許多國外先進企業，引進一系列的管理制度和系統，在華為實施推行。但是，當時面對的阻力很大，員工非常不適應，而且還有人說：「外國人的這套東西，在我們這裡是不適用的。」

而任正非則要求華為必須改革，當時他有兩句話非常有名。第一句話：「要穿美國鞋，就必須削足適履。」第二句話：「先僵化、後優化、再固化。」

當時的華為，其實就是在主動打破已經形成慣性的企業管理系統。大多數人都已經適應原本的管理環境，但是面對外部的挑戰和變化，不變革就沒有出路，因此任正非選擇主動變革，主動改變企業的各種習慣。

而他也知道，要改變習慣一定非常難，「先僵化、後優化、再固化」就是改變習慣非常棒的方法。

關於自律也是一樣，一開始要改變自己，養成新習慣的時候，一定非常困難而且不開心，因為這改變了原來的思考和行為模式。但是，當我們能夠堅持一段時間──僵化，然後在過程中找到適合的最佳路徑──優化，最後形成一套固定且適合自己的節奏──固化，就會養成一個自然而然的習慣。

習慣一旦養成，就能夠大幅度減少我們內心的糾結，以及大腦的思考，因此許多事情就不是痛苦地持續，而是成為一種自然而然的狀態。當達到這種狀態時，就達成了一次個人的跳躍和進化。

有句話說，自律，是卓越者的習慣。

但卓越者並非是天生的自律者，他們也是經過後天的刻意訓練，才逐步形成自己的思維和行為習慣，是這些習慣成就他們現在的狀態。

本章會重點介紹習慣養成的背後邏輯，以及如何透過微小習慣的養成，逐步突圍，最終形成一整套完善的自律習慣。

1. 習慣的養成邏輯與運作

關於習慣的養成，一定要提一本書《為什麼我們這樣生活，那樣工作？》（*The Power of Habit: Why We Do What We Do in Life and Business*），作者是查爾斯・杜希格（Charles Duhigg）。最初知道這本書，是在前東家的一次集團大會，當時的集團總裁提到一個案例，就是源自此書。

一開始聽到總裁說起這本書的時候，我感覺非常詫異，因為總裁已經是接近六十歲的人了，可能許多習慣都已經養成多年，但是竟然還在閱讀這本書。這位總裁可說是我見過思維最活躍、精力最充沛的一位長者了。

我曾經有機會近距離與這位總裁有過一整天的相處，他的日程安排非常滿，從早到晚幾乎一刻都不停歇，而且許多會議都是決定旗下企業生死的會議，需要持續高強度地思考，但是我發現，他始終都能夠維持很好的精力狀態。

雖然年近六十，他卻依然每天早起跑步，下午游泳，即使是出差，也要隨身帶著自己的跑鞋。我時常想，如果沒有足夠自律的習慣，這麼高強度的工作很可能早就把一個人壓垮了。

優秀的人，真的時刻都在努力改變和進化。

回到《為什麼我們這樣生活，那樣工作？》，其中提到關於習慣的養成，對於理解行為習慣的建立非常有幫助。

❶習慣養成的邏輯為何？

有一個非常有趣的「老鼠迷宮實驗」，實驗的內容是把老鼠放進迷宮，設置不同的障礙，只有找到出口，才能獲得一塊巧克力作為獎

賞。老鼠需要不斷地嘗試、記憶，最後逐步根據探索，形成自己找到出口的行為習慣。

在實驗中發現，隨著實驗鼠逐漸建立迷宮行為的習慣之後，牠們腦中負責認知和思考的皮質區域活躍程度逐漸降低，而由基底核這個微小、原始的神經結構逐漸取代大腦的工作。而基底核就是儲存習慣，並在適當時機自發性輸出習慣的核心區域。

當我們的行為形成習慣之後，就會被儲存到基底核，然後基底核就會接手指揮完成一系列行為。

將一系列動作轉化為自動的慣性行為，這個過程稱為「集組」（chunking），這正是形成習慣的根本。我們日常生活就蘊藏著上百個集組行為。例如，早上起床後刷牙、洗臉、穿鞋、繫鞋帶、吃飯、睡覺等等。

習慣之所以出現的根本原因，正是因為大腦在尋找省時省力的方式，獲得更多的休息。這與上一章所提的「認知吝嗇」相通，我們總是在想辦法減少消耗。

透過基底核儲存習慣，並且自然而然地輸出習慣，可以讓大腦更加輕鬆，減輕工作量，進而讓大腦的工作強度降到最低，這就是習慣養成的背後邏輯。

從這個實驗可以得出兩個結論：首先，人類都是傾向於減少思考，或是更希望透過習慣這種不費腦力的方式來做事情，減少精力消耗。再來則是讓人非常欣喜的結論，老鼠可以透過迷宮實驗建立習慣，也就是人類的習慣同樣可以後天培養和訓練。

❷習慣迴路如何運作？

另一個核心問題就是，習慣迴路究竟如何運作？主要是以下三個步驟：

（1）製造提示，或是稱為「觸發條件」，能夠讓大腦進入某種自動模式，並決定使用哪種習慣。

（2）存在對應的慣性行為（集組行為），可以是身體、思維或情感等各個方面的慣性行為。

（3）完成慣性行為後的獎賞，可以是實物，也可以是心理上的獎酬刺激。

當老鼠收到提示，喀擦聲就會刺激基底核記錄的慣性行為（按照特定路線穿越迷宮），最後獲得獎賞（食物），然後強化這個習慣。

因此，習慣的驅動力，歸根究柢是渴求感。這也解釋了習慣的力量為何如此強大，習慣能夠創造渴求，這些渴求就是在逐步培養之後所形成，驅動重複和強化慣性行為來獲得滿足。

再重新看一下習慣迴路：接到提示，也就是觸發條件，然後刺激對應的慣性行為，獲得獎賞，強化習慣。

依照習慣迴路，可以把這三個核心關鍵複製到生活之中，培養不同的習慣。

例如，跑步。如何養成跑步的習慣呢？

首先，選擇一個提示。

我跑步的提示是什麼呢？很簡單，一張手機桌布，是一位健身達人的減重前後對比照。當然，還可以選擇其他的提示，例如把跑鞋放到門口顯眼之處，或是將運動裝備放在沙發，想躺下的時候就會看到，

這些都可以作為跑步的觸發條件。

一旦提示被觸發，就會推動自己做出相對應的慣性行為，也就是跑步。

其次，建立獎賞機制。

跑步時，我經常設置各種自我獎勵，包括物質層面和心理層面。例如，在物質層面，每天跑五公里，持續完成一個月之後為自己買一雙新跑鞋，或一支運動手錶等等；在心理層面，將跑步 App 上的數據記錄分享到社群，獲得大家的按讚，這其實又回到之前在正向回饋所提到的獎賞機制。

刷牙的案例更有趣。刷牙這件事古已有之，只不過以前的牙刷只是削得比較光滑的木棒，潔牙粉也是到工業革命之後才有量產，即使後來出現攜帶更加方便的牙膏，但由於牙膏的成分讓口感油膩，因此大家並不樂意使用牙膏刷牙。

直到後來出現一款「白速得」（Pepsodent）牙膏，牙膏帶有薄荷香和泡沫豐富的成分，使得牙膏味道清新，一解之前的油膩口感，同時讓舌頭和牙齦產生清涼的刺激感。

這種刺激感創造了渴求，成為一個觸發條件，驅動了養成刷牙的習慣。

同時，牙膏廣告還突顯刷牙的提示和獎勵。通常是一位牙醫再加一位唇紅齒白的模特兒。牙醫「一本正經」地講述牙齒背後的故事，尤其強調每個人的牙齒都有齒垢堆積，如果刷牙，就能有效去除齒垢，擁有如廣告中模特兒那樣潔白的牙齒。

廣告還沒播完，我們就迫不及待地想要把自己牙齒上的齒垢清洗

一遍，希望能夠擁有一口好牙。這就是世人使用牙膏刷牙習慣養成的最初過程。

此外，我們可以逆向思考，如果不刷牙，一整天是不是都會感覺口腔不清新，這種負面體驗雖然不是獎賞，但其實與獎賞帶來的渴求感本質一樣，會回頭使人維持刷牙的習慣，來解除這種不好受的感覺，也就相對應地獲得舒服的體驗和獎勵。

再回到跑步，為什麼和刷牙相比，跑步習慣沒有那麼容易維持呢？

因為，一旦不跑步，身體的反應和變化並沒有那麼強烈。

一整天不刷牙，會很快察覺到口腔的不舒服，但是一週不跑步，有時甚至完全感受不到任何變化，結果當跑步習慣消失之後的一個月，才發現腰圍怎麼忽然變粗，身體狀態怎麼開始變差？

我們覺察的速度，也會影響習慣的養成。因此，為了加強養成跑步習慣，我還有個方法是，當出現不想跑步的提示時，就趕緊想想不跑步的後果，尤其是一個月之後的後果，一想到自己變成油膩大叔，想到不運動導致昏昏欲睡的狀態，我就穿上跑鞋出發了。

以上就是關於習慣的兩個核心：一個是習慣養成的邏輯；一個是習慣迴路的運作。

2. 習慣養成的兩大關鍵障礙

英國知名小說家毛姆曾說：「改變好習慣比改掉壞習慣容易得多，這正是人生的一大悲哀。」

為什麼在養成習慣的過程，尤其是自律習慣養成，總是感覺特別困難？

養成自律習慣，本身就是一件比較困難的事情。因為，自律的範圍很廣，很難直接評價。

有人持續健身，身材很好，大家說這個人很自律，但是這個人在工作上卻始終處於一種應付的狀態，這到底是自律還是不自律呢？又或者是，有人工作非常拚命，但是一回到家裡，就像一個巨嬰，什麼都不做，躺在沙發滑手機……

我在持續研究自律的過程，持續迭代 108 社群的過程，也曾有過困惑：到底怎樣才算讓大家達成自律的目標，形成自律的習慣？

後來，我想通了：自律其實永遠在路上，自律不是目標而是工具。於是也就有了之前所提到的「人生基本法」、「個人 OKR」，目的都是希望大家聚焦於目標，而不是形式化的自律。

在此我來講個生活場景，應該很多人都感覺很熟悉。

早上七點鐘，鬧鐘響了，不要緊，反正設了六個鬧鐘。從七點響到了七點四十分，總算把眼睛睜開了。

一想到通勤時間的交通狀態就發愁，可是再不起床就要遲到，只能逼自己起床穿衣、草草刷牙和洗臉、趕緊出門。

八點半，終於到了公司，但昏昏沉沉還是感覺沒睡醒，和鄰座同事聊聊電影、說說新聞，一晃就十點半了。

想起自己還有好多事情沒做，趕緊列清單，排優先順序，告訴自己必須開始工作了。

清單第一項，寫報告，打開 word，開始寫作，寫得很痛苦，還是查查資料。查著查著，視窗彈出一則消息：「蘋果發布會動態！」雖然沒打算買，但至少可以看一看。

然後，就這麼工作、看新聞、焦慮、工作、聊天、焦慮，進入一個重複循環，很快地，該下班了……

回到家，本來打算跑步，自己這一年已經胖了不少，準備出門時，發現新買的跑鞋還沒到貨，舊鞋穿了不舒服，還是在家待著吧。

於是，開始玩遊戲，轉眼就到晚上十點了，不但不累，反而玩得更起勁，這時候肚子開始咕咕叫了，想起晚上節食沒吃飯，算了，不要對自己這麼狠，然後叫外賣……

外賣到了，都快晚上十一點了，吃完之後，懷著深深的罪惡感爬到床上，早點睡吧。

但是拿著手機滑影片，發現平時看的美劇又更新了，不行，得看啊！看完到了凌晨一點，眼睛實在睜不開，才不甘心地睡去。

每天早上起床，都發誓要改變這種狀態，但這種狀態卻反覆循環，找不到改變的出口，非常痛苦。

相信我，掉進這個循環的人，不只你一個。

許多人都想改掉這些不良習慣，那麼，到底是什麼阻礙了我們？通常是以下兩個方面：

第一個阻力是無法開始。

例如，想要有更好的運動習慣，可是原本早已習慣下班回家就懶在沙發上看電視，這時候突然要從舒服的沙發，變成在跑步機上揮汗如雨，光是用想的都會頭疼。

又或許我們會覺得，今天加班太累了，明天再鍛鍊吧，結果「明日復明日」，這一天從未到來。

其實阻礙我們的是沒有勇氣開始行動，因為行動本身就會讓人覺

得有難度，感到恐懼和害怕，因此就很難跨出習慣養成的第一步，更不要說堅持一個習慣了。

第二個阻力是無法持續。

當終於鼓足勇氣開始行動，卻無法持續。

例如，好不容易說服自己上了跑步機，信誓旦旦一定要跑一個小時。但開始跑了五分鐘、十分鐘就氣喘吁吁，離一個小時還有五十分鐘就跑不動了，似乎身體的每個細胞都在喊著我要休息、我要休息。

而下一回上跑步機時，想到上一次只跑了十分鐘，感覺持續一個小時太過困難，就更沒有跑步的動力。如此一來，新習慣怎麼可能持續下去。

那麼，如何才能克服這兩個阻力？接著進入實務操作部分——微習慣。

3. 微習慣，讓自律養成更加簡單

這裡先分享一個故事，故事主角是一位標準的美國宅男，身材很胖，工作也很低效，每天都過得渾渾噩噩。

但是，在 2012 年的某一天，他突然醒悟，覺得不應該繼續這樣的生活，於是把自己當成一個實驗對象，試著培養自己自律的習慣。在嘗試過許多方法之後，他想到了一個新的思路非常奏效，完全改變了自己。

他的方法很簡單，叫作「做一下就好！」，從做一下伏地挺身開始挑戰。

沒錯，正是因為這個微小的改變，使他在兩年之後，從大胖子變

身肌肉男，從一個不學無術的宅男，變成一本超級暢銷書的作者，這本書就是《驚人習慣力：做一下就好！微不足道的小習慣創造大奇蹟》（*Mini Habits: Smaller Habits, Bigger Results*），這位作者就是史蒂芬·蓋斯（Stephen Guise）。

這本書之所以能夠受到讀者青睞，我認為很大原因是，作者本身並不是什麼明星或專家，他就是一個再普通不過的人。他和我們一樣，面對提不起勁的生活，決定做出改變。

他的努力過程，其實也是我們生活的縮影。正是這種來自於一般人的感同身受，讓人更容易接受他的微習慣養成方法。

你可能會質疑，做一下伏地挺身有什麼用？但是，蓋斯發現有兩個神奇之處：

第一，雖然每天只做數個伏地挺身，但是這個行為真的在生理和心理上對自己有所影響，身體更加結實，肌肉也有增加。

第二，當鍛鍊開始變成慣性時，定期鍛鍊就變得愈來愈簡單，半年之後，他就從在家健身跨越到健身房健身。

後來，他把這種能力複製於不同的領域，如閱讀和寫作，都得到很好的效果。

《驚人習慣力》這本書，就是在他為自己制定的每天寫五十個字的小目標中一步一步地完成。蓋斯的經驗告訴我們，如果每天進行一些看似微不足道的積極行為，持續累積就會產生驚人的威力，而前面所提阻礙習慣的兩大阻力，也在這個過程中不知不覺地克服。

第一個阻力，沒動力開始行動。而建立微習慣的重點是，目標一定要夠小，小得不可思議，只有這樣，我們才不會害怕開始，不就是

做一個伏地挺身嗎？不就是寫五十個字嗎？和你的能力上限相比，你要養成的習慣實在是簡單到匪夷所思。

相信自己一定能夠做到，一旦開始了第一步，實現了小目標，就很想把這個戰果擴大，多完成一些，畢竟相較於這個小目標，你的能力綽綽有餘。因此，即使一開始跑得並不快，但也是在正確的方向前進，那麼就能突破第一個行動阻力。

第二個阻力是無法持續。微習慣同樣解決了這個難題，由於目標本來就定得很小，稍微一做就超出預期，因此根本沒有無法持續的壓力。反而是，只要多做一點，就會覺得很開心，最後往往超越自己的預期。因此，微習慣正好可以避開培養習慣的兩大阻力。

因此，在微習慣這種方式之下，每天都會因為自己持續獲取小成就而不斷地加強慣性，提升自己的能力。

如此一來，就不會因為沒有完成目標而感到愧疚和挫敗，而會因為微習慣自帶的螺旋狀激勵機制不斷地堅持下去，最終能把微小的習慣養成大習慣，進而實現大目標。

微習慣就是以微小改變來撬動大目標的支點，也就是從一個微小的行為最終養成大習慣的關鍵。

❶如何將微習慣應用到生活當中？

微習慣到底如何應用於生活？一共分為八個步驟：

步驟 1：選擇一個微習慣，制定每日計畫。例如每天一個伏地挺身，或是每天寫五十個字。

步驟 2：找出每個微習慣的內在價值。想一想所要培養的微習慣

會帶來什麼好處，或是為什麼要堅持這件事。例如每天寫字，思考為什麼要寫字；鍛鍊身體，思考為什麼要鍛鍊身體，想清楚微習慣的好處。

步驟 3：將微習慣融入日程安排。例如規定自己每天早上九點開始工作，每天下班以後健身，有一個明確的習慣起始點，會讓人更容易持續。

步驟 4：建立回饋機制。微習慣養成之後，以獎勵提升持續的動力，也就是之前所提的個人成就回饋系統。

步驟 5：記錄和追蹤完成情況。可以每天記錄習慣養成狀況，一方面是覆盤，另一方面也是持續提升信心。

步驟 6：微量開始，超額完成。一旦開始之後，要盡可能超額完成，不只是做一個伏地挺身。

步驟 7：按照計畫安排，擺脫高期待值。剛開始鍛鍊時做一下伏地挺身，可能過一段時間，覺得這個目標過低，就希望有更高的目標，覺得每天做十下也是可以，因此就把目標調成十下。但是蓋斯建議，不要這樣，我們就堅持一個微不足道的小目標。關鍵在於，要把期待值和精力放在持續進行，而不是對目標的任務量抱有較高的期待。持續的頻率比單次的數量更為重要。

步驟 8：留意習慣養成的徵兆。在習慣內化養成之前，不要急著停止微習慣訓練計畫。

其實這八個步驟說明起來非常容易理解。此外，在實踐微習慣的過程，還有有三點非常關鍵，在此提醒大家。

❷實踐微習慣的三個注意關鍵

實踐微習慣的第一個關鍵點，如何才算一個微小的習慣。

如果覺得自己能輕鬆完成二十個伏地挺身，那麼十個伏地挺身算微習慣，還是一個伏地挺身算微習慣？蓋斯說，一個。

為什麼做二十個伏地挺身也不會消耗太多的意志力和能量，可是卻偏偏要把目標設置得那麼小呢？這就涉及微習慣的竅門。

蓋斯的經驗是：**要把習慣迷你化，直到微不足道，只有小到微不足道，才會讓大腦認為真的毫無威脅。**

微習慣沒有太小之說，如果不確定用多小的習慣來培養，那就選擇更小的那個。

實踐微習慣的第二個關鍵點，是替代性獎勵機制。

因為微習慣帶來的改變可能會很小，因此在我們堅持做一個伏地挺身，或是堅持寫五十個字的時候，往往大腦感覺不到回報，但是有回報，大腦才會更願意重複一件事。例如，對健身而言，長期健身才能帶來身體好的回報，可是健身的當下，全身的肌肉都在說：我們不想動。

因此，蓋斯提出一個替代性的獎勵技巧，當微習慣還不能產生真正回報的時候，我們就自己為大腦設置一個替代性回報。

例如，當完成一次短程的跑步，或是寫完一次五十字的文章時，就給大腦一個有創意的回報：可以看一段搞笑影片，讓自己哈哈大笑，大笑同樣會釋放讓心情變好的化學物質，也是一種很好的獎勵。

這個時候，就是人為設置一個回報來「欺騙」大腦。當微習慣形成真正的習慣，有了真正的回報之後，就可以把這個「拐杖」扔掉了。

實踐微習慣的第三個關鍵點，是如何判斷習慣已經養成。

這一點非常有意思，從微習慣到習慣的轉變徵兆為何？蓋斯給了幾個習慣養成的訊號。

首先就是，身分認同發生變化。試想，過去你是一個體重過重的人，在減重十五公斤之後，胖子的標籤就會被撕掉了。過去你堅持每天要寫多少字，而現在會說，我是一個寫作的人。過去你說每天看書多少頁，現在會說我是一個閱讀的人。當身分認同有所改變，就表示可能已經養成一個習慣。

再來就是，毋須再刻意自我提醒。就像是跑步，在初期的時候，我會刻意自我提醒，敦促自己跑步。但慢慢地養成習慣之後，反而是一天不跑步，就渾身難受。當我們不再需要考慮要不要做這件事的時候，表示已經養成一個習慣。

有時候我們會擔心自己無法持續，可是當一個行為成為習慣之後，我們心裡會知道，自己會一直做這件事。因此當我們內心的認知和感受發生變化時，就表示過去那個小小的微習慣，已經被我們精心培育成「參天大樹」，可以自我成長了。

本章知識覆盤

1. 理解習慣的養成邏輯和迴路運作，可以思考老鼠迷宮實驗和牙膏刷牙的案例。

2. 認識習慣養成的兩大關鍵障礙：無法開始與無法持續。

3. 如何跨越習慣養成的兩大障礙，可以使用微習慣的方式，透過微小的變化，撬動更大的自律力量。

本篇將啟動自律系統之「平衡系統」的學習,即動態均衡篇,要如何理解動態均衡的狀態呢?

在本書第 1 章就介紹了富足人生的五要素,可以把這五要素比擬為人的五根手指,缺一不可,不能輕易偏廢。

若要統籌考慮富足人生五要素,就需要以「動態均衡」的思維看待。因此,本篇的「平衡系統」將系統性說明如何才能讓富足人生五要素達到平衡,其中包括兩個很重要的部分:精力管理與專準主義。

本篇也會提到一個新的概念:個人平衡儀表板。個人平衡儀表板也是基於富足人生的五要素所提出,依然需要與之前的「人生基本法」結合完成。

我們可以這麼說,所謂的自律,就是一種掌控平衡的能力,真正的高階自律者都是平衡的高手。

99 **我們應該聚焦於富足人生的大平衡,而不是一時一事的小平衡。99** —————————— **Kris**

動態均衡篇

平衡系統

第 10 章

動態均衡
自律，確保個人平衡儀表板正常運轉

1. 沒有永遠的平衡，只有動態的均衡

本章就從「人生幸福曲線」圖開始，橫軸是時間（Time），或許亦可視為人的年齡，縱軸是幸福指數（Happiness），就是開心程度，座標軸之間的這條曲線，是一條兩邊高、中間低的曲線，這條曲線就是：「人生幸福曲線」。

首先，橫軸的原點代表人出生的那一刻，剛出生的時候，幸福指數非常高，即使嬰兒啼哭，也只不過是一種需求的表達，而不是真正的傷心。但隨著年齡的增長，從童年到青年，從幼稚園一路到小學、中學、大學，再到就業，人的煩惱開始愈來愈多。

然後，到了曲線的中間位置，變成一個「上有老下有小」的中年人，這時候的幸福指數降到最低點，是各種焦慮、擔憂、煩惱等負面情緒最多的時期。

但是，隨著年齡增長，進入老年期之後，這條幸福曲線又重新開始上揚，幸福指數也有所增加。

大多數人的人生軌跡都遵循著這條幸福曲線。由於這條曲線像一

人生幸福曲線

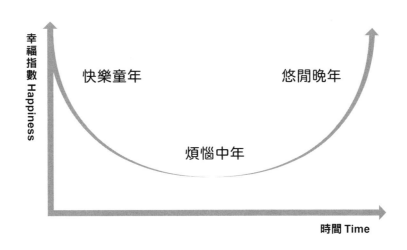

張嘴角上揚的笑臉，因此也稱為「人生微笑曲線」。

但是為什麼人的幸福指數會隨著年齡的不同而產生這些變化？當然，影響這條曲線軌跡的因素有很多，但是最主要的應該是以下三個原因：

首先，為什麼童年時期通常很幸福，因為這時需要做的事情很少、很單純，大多數人的童年就是好好學習就可以了。

其次，為什麼老年時期也很幸福，因為這時需要處理的事情也很少，好好照顧自己的身體就可以了。

最後，中年時期為什麼這麼痛苦？因為這個時期，有太多的事情需要處理，有太多的責任需要背負，許多事情洶湧而來，而人的能力又有限，因此痛苦是一種必然。

part
4

為何我要先說明這條微笑曲線呢？

相信閱讀本書的讀者，許多人也都走在幸福指數往下滑的路上，這時候需要承擔的責任愈來愈多，需要考慮的事情愈來愈多。從前求學時期，只需要好好學習就已足夠，而現在，進入職場，要考慮職涯發展；進入感情，要考慮擇偶標準；為人父母，要承擔家長的責任；父母年邁，需要扛起照護的責任。

這麼多的重擔壓在身上的時候，一定會感覺力不從心，顧此失彼。此時你最迫切想要達到的理想狀態，就是平衡狀態。

事業發展，高薪有前途；夫妻之間，和睦又浪漫；對於小孩，盡心養育；對於長輩，貼心照料……

這就是我們所說的完美平衡狀態。那麼，這種狀態有可能達到嗎？

當然有可能，但是前提是，需要換一個時間維度看待平衡這件事。

請注意，我說的關鍵字是：時間維度。

我們在理解平衡時，總是會陷入「時間點」的執念，也就是說，希望自己能夠無時無刻都保持這種平衡狀態，讓這種平衡永遠持續下去，這是一種靜態平衡。

但是很遺憾地，這種靜態平衡幾乎沒有可能。

因為在同一個時間只能做一件事，我們不可能同時在工作，還在照看小孩，還在陪老婆看電影，還在陪父母聊天。而且，人生充滿各種不確定性，計畫一定趕不上變化，於是，無時無刻的完美平衡成了一種永遠無法實現的幻想。

而大多數人無法看清這一點，總覺得所謂的平衡，應該是無時無刻都保持平衡。正是陷入這種不可能實現的執念，使人愈來愈焦慮。

因此，這是否表示我們無法實現人生的平衡呢？

現實應該是：我們不可能實現永遠的、無時無刻的平衡，但是，我們可以實現「動態均衡」。

什麼是動態均衡？

回到剛才所提的「時間維度」。人常常陷入「時間點」的概念，卻忽略「時間區間」的概念，應該拉長時間區間，就能夠實現人生的平衡狀態了。

聽起來可能有點難懂，舉個例子大家就清楚了。

德州撲克是國際撲克比賽的正式競賽項目之一。簡單來說，就是互相猜測對方的牌，然後靠一部分運氣來比大小。而在德州撲克領域，要判斷一個人是不是高手的標準，就是一句話：「高手總是在找機率，而菜鳥每盤都想贏。」

換句話說，高手會從更長的時間去考慮整個牌局，這一把牌不大，那就不輕易出手。而菜鳥則對每一把都有執念，只關注於眼前的利益，看起來有贏有輸非常熱鬧，結果牌局結束之後，卻發現整體輸得一塌糊塗。

而動態均衡是指，實現平衡的狀態，必須要付出足夠的時間統籌安排，不追求一時的平衡，而是從更長的時間維度，實現動態均衡。

再舉個例子，有句話說：沒有完美的一天，但可能有完美的一週。

如果讓你定義「完美的一天」，你希望是什麼樣子呢？如果，我們的目標是實現富足人生，那麼，富足人生的一天是什麼樣子呢？

如果從富足人生五要素來考慮，完美的一天可能是這樣：清晨六點自然醒，感覺精力滿滿，哼著歌起床洗漱，然後跑步五公里，回到家，

家人已經清醒，與妻子一起享用早餐。八點，開車上班，路上聽音樂或聽一本書，接著到了公司，跟團隊開會，替下屬安排工作，效率極高，成果顯著。中午十二點，和同事一起吃一頓健身餐，美味又不會造成身體負擔，用餐之後還有時間休息半小時。下午兩點，再次啟動高效模式，能量滿滿，幹勁十足。下午五點下班，接了老婆小孩去吃西餐，然後欣賞音樂會。晚上回到家，洗一個舒服的熱水澡，接著和家人相擁而眠。

想想看，這是多麼完美的一天！

但是，問題又來了，這麼完美的一天，通常二十四小時是不夠的，可能需要四十八小時、七十二小時甚至更多。

因為這些完美的平衡狀態，常常無法只靠一天的週期實現，除非你是超人。我們一天的時間就那麼一點，如果總是追求如此完美的一天，就會發現每天都生活在失望之中。

因此，正確的思維應該是，把時間週期拉長，從一天擴充到三天、五天、一週。當時間適當延長之後，你就會發現，此時可以透過統籌規劃，讓這些事情得到更好的安排。

也就是說，當我們以時間區間的概念來看待平衡時，就會更加游刃有餘。這和之前提的人生馬拉松是一脈相承。

可能這段時間，最重要的衝刺目標是工作，那就聚焦工作，集中精力衝刺。而過了一段時間搞定工作，就可以把時間向家庭傾斜。再過一段時間，意識到很久沒有看望父母，那就找時間去陪伴雙親。又過了一段時間，發現學習的時間愈來愈少，那就為自己設置一段學習的衝刺時間。

把所有的事情放在一個較長週期來看，就會進入一種平衡狀態，一種動態均衡的狀態。

因此，沒有永遠的平衡，只有動態的均衡。

2. 如何實現人生的動態均衡？

接下來一起探討，如何才能實現人生的動態均衡？我想從以下三個方面來說明。

❶不要將工作和生活視為對立狀態

這裡所提不要對立的面向，絕不是只有工作和生活，從富足人生的角度來看，其實五要素的各個層面都需要平衡，只是工作和生活經常是人最直接有感的兩個方面，因此以此為例，方便大家理解。

之前第 8 章曾提到「幸福總量理論」，是指人一生的幸福是需要從整體檢視總量，許多人覺得自律很麻煩，很痛苦，但其實自律是成本最低的痛苦。

在此我們再進一步深入理解幸福總量這個概念。

美國經濟學家阿門‧阿爾奇安（A. Alchian），曾經與人合著《大學經濟學》（*University Economics*），是美國許多大學經濟學的入門教材。

本書曾經提到一個很有意思的問題：一個人如果連續餓三天再吃飯，就會覺得那頓飯特別美味，記憶深刻，體驗很美好，但是，為什麼人不會為了追求那種特別美味的感覺，而經常連續餓三天再吃飯，而是每天都要吃三頓飯？

答案當然很簡單：因為大多數人都不願意為了一頓美味的餐點而讓自己餓那麼久，那三天的體驗一定非常糟糕。

這就表示人追求的不是短暫、一剎那的幸福，或許那一刻的幸福體驗會很深刻強烈，但卻需要忍受更多的痛苦，從幸福總量而言，人追求的其實是幸福總量的最大化。

而每天吃三頓飯，就是讓人的幸福體驗最大化。

關於人生五要素，其實每個要素都很重要，無論工作或生活都能帶來美好的體驗。但是，我們經常會陷入一種誤區，就是認為工作是一種痛苦，只有好好陪家人才是幸福，把工作和生活變成對立的事情。有這樣想法的人其實不在少數。

之前我們已經了解時間管理的 GTD 理論，其實還有一個關於工作的理論，稱為 GSD，也就是 Get Shit Done。

GSD 把工作視為狗屎（shit），對於工作的態度就是，盡快把這些狗屎般的工作完成，把令人噁心的事情搞定，接下來就能夠享受美好生活了。這種是將工作視為一種「必要之惡」，唯有完成討人厭的工作，才有閒、有錢、有精力享受生活。

這種論點看起來好像是看透工作這件事，似乎搞定工作就可以享受生活，但這其實是忽視了幸福總量的概念。從幸福總量來看，有這樣想法的人非常痛苦，因為這些人把工作視為狗屎，而人一天之中大多數時間都是在工作，把那麼多時間放在狗屎上，能不痛苦嗎？

因此，首先要做的就是從認知開始改變，不要把工作和生活視為對立面，而是盡可能地從工作中找出幸福感。

再舉個例子，也是我很喜歡的一個案例：以前上學的時候，都要

做早操或課間操，大多數人都是隨便搖搖手、踢踢腿，把這段做操時間混過去。

但是，一定有些人是特別認真地在做操，小時候不懂事，還會笑人家太一本正經了。現在回想起來，做操這件事既然是必須要做的事，為什麼要這麼反對呢？

面對必須要做的事，我們能做的，就是盡可能從做的事情之中找到幸福感，既然必須要做操，那就認真用心地做，這樣就能利用這段時間，讓身體得到放鬆和鍛鍊，而不是吊兒郎當地浪費這些時間。

因此，第一點的關鍵就是，要懂得從你做的事情找到意義和價值，無論當下在做什麼，這些時間都是屬於自己的，自己要為這段時間負責，而不要劃地自限，和自己的時間過不去。

❷不要只關注短期產出，而忽視長期產能

關於動態均衡，還需要理解兩個很重要的概念，也就是：產能和產出。

我們要學著好好處理產能與產出的平衡。我經常有一個感受，就是東西方的智慧看起來差異很大，但是其中最樸素、最本質的精神其實一樣。關於產能與產出的平衡，中國常用的成語叫作「殺雞取卵」；西方則有一個諺語，是「照顧好你下金蛋的鵝」。

兩者其實說的都是一件事，就是人不能過於關注短期產出，而忽視長期產能。

雞下蛋，鵝下蛋，蛋就是產出，而產能是雞跟鵝下蛋的能力，但是人經常為了獲得更多的蛋，不惜把雞跟鵝殺死、累死。

在此，就以富足人生的幾個要素來說明。

例如，第一個要素：身體。現代人壓力很大，經常加班工作，為了賺更多的錢，不惜犧牲睡眠，未能好好照顧身體，於是有愈來愈多熬夜工作猝死的悲劇。

第二個要素：智力。我們可以把擁有的證照，或是獲取的學位視為產出，而產能則是真正的學習能力以及專業技能，但許多人過於追求形式化的產出。例如，「學歷造假」事件，其實就是過於在乎頭銜，而忽視真正重要的其實是自己的學術能力，這才是最重要的產能。

第三個要素：情感。結婚生子是人生大事，我們和伴侶之間愛情的結晶，可以視為一種情感的產出，但是許多人會把結婚、生子當作終點，感覺只要完成這兩件事就大功告成了。其實，這兩件事只不過是開始，還有太多的情感需要付出與投資，經營情感和家庭才是產能，如果過分忽視，很有可能結婚生子的下一步，就是妻離子散。

因此，在動態均衡之中還需要注意，就是一定要好好地平衡產能與產出，不要因為過於在意產出，而放棄自己的產能，好好照顧能夠下蛋的雞或鵝。

❸定期評估，不斷更新自己的平衡狀態

第三個方面同樣非常重要，就是人一定要有意識地定期評估自己的平衡狀態。

第9章的微習慣相關篇幅提到，萬事萬物都遵循慣性定律，人在日常工作和生活同樣會進入一種慣性狀態，一種「自動導航」的狀態。

「自動導航」的問題在於，人很難察覺自己的失衡，也很難察覺

人生失衡的嚴重性。

以教養為例，為人父母者都知道，教養之路其實非常漫長，子女的變化也不是突然發生，而是一點一滴慢慢地改變。

如果總是不重視對於子女的養育，或是以錯誤的方式教養子女，在小孩成長的初期，可能不會有重大問題出現，但是問題積少成多，時間一長，可能就會在某個時間點突然爆發，甚至造成不可逆的災難。

我很喜歡看一檔真人秀節目，叫作《變形計》，製作單位會讓家境優渥的問題少年和留守農村的孩子互換生活。而這些問題少年每天打架逃學，看似玩世不恭，但幾乎每個孩子的內心都對父母懷有埋怨。

在採訪問題少年的父母時，幾乎每位父母都很後悔，「以前光顧著賺錢，沒有照顧好孩子。我們家孩子小時候很乖，不知道為什麼就變成這個樣子了。」

少年則是各個滿滿怨氣：「你們在我小的時候不管我，憑什麼我長大了要來管我？」

造成此種失衡的一個重大原因，就是這些父母總是處於「自動導航」狀態，明明「車輛」已經失去平衡，開往泥淖卻不自知。或許，如果這些父母能夠早一點評估，與孩子多一些交流，可能就會避免這樣的悲劇。

那麼，要如何評估呢？答案是，建立自己的「個人平衡儀表板」。

3. 如何設計「個人平衡儀表板」？

前述理論部分已經講得不少，接下來要說明實務操作，即如何設計「個人平衡儀表板」，以及如何評估自己的平衡狀態。

❶評估週期

對於平衡狀態的評估，我建議最少半年進行一次，多則不限。最怕的就是評估一次之後就束之高閣永遠不碰了。

建議可以把「個人平衡儀表板」放到正在使用的記事本第一頁，或是設定半年期提醒鬧鐘，每隔半年拿出「個人平衡儀表板」為自己評分，然後進行調整。

❷評估內容

評估內容則可以從富足人生的五要素考量，當然，如果有新的思考，或有新的視角也可以加入。

此外，在此也向大家推薦另一種評估角度，就是可以根據自己的身分角色進行評估，以我為例，我的身分包括：創業者、管理者、丈夫、子女、父親、朋友等，從不同的角色入手評估，也是一個不錯的方法。

其實，評估內容在「個人平衡儀表板」反而是其次，更重要的是自己要有意識地完成這個評估的動作，不要讓自己長期處於「自動導航」狀態。

❸評估方法

在此提供大家參考「個人平衡儀表板」範本。

表格右邊欄位羅列需要評估的部分，在此不再贅述，左邊欄位則有幾項評估重點，如下進一步說明：

第一，現狀評分，針對目前各部分，給自己的狀態評分，滿分是十分。

個人平衡儀表板

姓名	身體	智力	情感	財富	人生意義
現狀評分 （0-10分）					
目標分數 （0-10分）					
平衡 現狀分析					
目標分析					
平衡策略					

第二，目標分數，寫下自己希望在這個項目可以達到的分數。在此要特別注意，許多人會認為目標分數當然是滿分，這種想法很正常，但卻陷入了之前提到的錯誤執念：無時無刻的絕對平衡。

人不可能達到完美平衡狀態，因為人的精力有限，想要在所有項目都達到百分之百滿意的狀態非常困難，因此，這裡的分數是要綜合判斷的。

如果覺得身體很重要，那麼目標是九分，但相對而言，可能覺得財富沒那麼重要，那就是七分。如果每個項目都很重要，但也一定會有主次順序，也就是我們個人最在乎的是什麼。

第三，平衡。這裡需要自己認真思考和分析。包括：

（1）現狀分析：例如目前對財富的現狀評分是四分，分數偏低，那就要分析自己為什麼對於目前的財富狀態不滿意。

（2）目標分析：例如對智力的目標是九分，那也要分析，為什麼

自己對智力如此重視。

（3）平衡策略：這裡要結合現狀評分和目標分數的差距，進行策略調整。例如，身體項目，現狀評分是五分，目標分數是八分，其中三分的差距，希望透過什麼策略進行調整，是健身？還是跑步？如果在情感部分，尤其是夫妻關係，對於現狀不滿意，希望從哪些方面來改善親密關係？

以上就是「個人平衡儀表板」的操作步驟。

「個人平衡儀表板」最主要的作用是要讓人意識到，一定要定期評估自己的狀態，付諸思考和調整行動。

沒有永遠的平衡，只有動態的均衡，既然是動態均衡，就需要動態地評估和調整。

本章知識覆盤

1. 面對幸福微笑曲線，能夠感覺到現實人生平衡非常困難。但是沒有完美的一天，卻可能有完美的一週，透過主動積極、優化配置、不再拘泥於靜態平衡，而是追求動態均衡，就是實現人生平衡的目標。

2. 如何實現人生的動態均衡？一是不要將工作與生活視為對立；二是不要只關注短期產出而忽視長期產能；三是定期評估，不斷更新自己的平衡狀態。

3. 本章提供了評估和更新人生平衡狀態的工具：個人平衡儀表板。

第 11 章
精力管理
四層次精力掌控，才能做到自律

第 10 章我們開始進入「平衡系統」的學習，強調：沒有所謂的絕對完美平衡，只有動態均衡，並且建議設計自己的「個人平衡儀表板」，對自己的平衡狀態進行定期評估和動態更新。其中，也提到兩個很重要的概念：產能與產出。

本章就來分析經常會令人感到困擾的主題：精力管理。

在養成自律的過程，人需要和以前的慣性或惰性狀態對抗，而這個對抗本身就是一件需要精力因應的事情。但這並不代表，人為了讓自己自律，就一定要維持在一個很累的狀態，這樣非常不科學，也是我不樂見的事情。

許多人過去從來沒有反思和覆盤的習慣，一開始確實會耗費精力，但是要糾正不良習慣，打破原有的系統，必須要狠下心打掉重建。不過隨著對工具的熟悉，以及習慣的建立、流程的標準化，反思與覆盤的效率一定會有所提升，當能夠先集中精力跨過一個坎之後，就能進入一個新的平台，進入一種新的自律狀態。

大家在閱讀一本書、學習一門課程、籌備一次考試的過程中，同

樣會遇到精力不足的階段，因此，本章倡導從自我出發，找到適合自己的精力使用習慣，找到屬於自己的節奏。

記住一句話：精力是自律的前提。

你是否有這樣的感受，就是那些超級自律的人，精力都超級旺盛。

他們每天早起晚睡，工作時間很長，還要參加各種活動，還會有固定的運動時間、家庭時間，而且更讓人驚訝的是，他們的精神狀態還都很好，樂此不疲。那麼，這些人是如何獲得如此超凡的精力呢？

在學習精力管理之前，我們先來了解所謂的精力到底是什麼。

1. 精力的四個層次

一提到精力，可能許多人想到的是身體方面。累不累、睏不睏、身體舒不舒服，這就是精力。我以前也是這麼想，但後來發現並非如此。身體的疲憊只是精力出現問題的直接表現，但其實精力不足絕對不只是身體層面的問題。

那麼，精力是什麼呢？精力有以下四個層次。

❶體能精力

這是我們對精力最直接的認知。體能精力是高效生活的基礎。這一點我想大家一定深有體會。前一天熬夜，睡得太晚，第二天早起上班，身體就感覺輕飄飄的，這種體能的缺乏，使人根本無法全心投入工作，更不要說保持專注了。

體能精力就相當於生命的燃料，如果燃料耗盡，身體自然就會失去生機。

❷情感精力

當看到「情感」二字時，是不是覺得有點不太對勁，談精力怎麼與情感有關？其實關係極大。

我舉個很簡單的例子。例如我們和伴侶因為小事吵架，愈吵愈兇，最後其中一方甩門而出，兩個人心裡都很不舒服，愈想愈不開心。在雙方和好之前，會不會因為這些憤怒、失望的情緒而影響自己的精力狀態，明明前一天睡得很好，身體也不錯，但因為吵架，導致自己什麼事情都不想做。

回頭去看，其實這番爭執並不嚴重，對身體體能的消耗也並不多，但整個人卻感覺像被掏空一般，特別疲憊。

這就是情感精力在作祟。

負面情感會讓人產生無助感、困惑感、憤怒感，這些負面情緒會大大損害人的工作能力；相反地，正面情感則會帶來滿足感、安全感，能夠讓人更有效地支配自己的個人行為。

在學習的過程，我們一定也會制定一些鍛鍊身體、早睡早起的計畫，用以支撐自己的學習，但是很容易忽略的就是情感因素。

本來好好地待在圖書館，旁邊來了一對如膠似漆的情侶，不斷地聊天吃零食，然後一時之間我們負面情緒來了，很生氣地跑去告誡那對情侶，無論這對情侶是離開還是留下來與你爭執，最後的結果都是我們無法保持足夠的精力和專注力繼續安心學習。

這就是情感對於精力帶來的影響。

❸思維精力

關於思維精力，簡單來說就是一句話：腦袋別亂。我們用兩個場景來理解和分析。

第一個場景：最近工作很忙，有幾項任務同時推進；生活方面，決定要減重，每天需要持續健身跑步；家庭方面，又要想著回家陪小孩；學習方面，買了好多課程還沒學完……大量的事務堆積在腦袋裡，在這種情況最容易產生的狀態是：思緒紛亂或是「自亂方寸」。思緒亂掉之後，最直接的影響就是思維精力不足，總覺得大腦供血不足，「真累！」

第二個場景：最近剛結束一個大專案，或是剛結束一個考試，想讓自己放鬆宅在家裡一整天，窩在沙發看電影、追劇，腦袋雖然沒有堆很多事情，但是當追劇一整天之後，依然會感覺腦袋亂糟糟的。為什麼休息了一整天，還是這麼累？

第一個場景，叫作思考過度；第二個場景，叫作思考萎縮。

這兩種場景看似是完全不同的兩個極端，但卻產生同樣很累的結果。這就是思維精力的運用發生問題。主要原因是：大腦既不能過度使用，又不能徹底荒廢，否則，都會產生思維精力的渙散，關於這一點我在後面會再具體說明。

❹精神精力（意志精力）

這一點應該是我們精力中的最高層級。

所謂最高層級，是指人要在精神層面找到做每一件事情的價值和意義。

哈佛商學院教授克雷頓・克里斯汀生（Clayton M. Christensen）在《你要如何衡量你的人生？：哈佛商學院最重要的一堂課》（*How will you measure your life?*）中有一個觀點啟發了我：

人一生當中有兩種機會：**一種是周密計畫下可預期的機會，一種是偶發狀態下無可預期的機會。**

周密計畫下可預期的機會，就是人在當下做的事情，全心投入其中，從這些工作中平穩地獲得成長。

而偶發狀態下無可預期的機會，是指在全心投入的過程中，會碰到一些讓人獲得指數型成長的機會。

找到每件事的意義，就是前文重點介紹的找到人生使命，就是最高級的精力管理。

這種精神上的支撐，可以讓人更篤定、更持續，而不是把一件事情當作一份應付了事的差事。

了解精力的四個層次之後，接下來進入下面的內容，要回答的問題是：「為什麼會陷入精力泥淖？」

2. 為什麼會陷入精力泥淖？

我們先來回想幾個工作中的場景：

參加一場五個小時的選題會，一開始的兩個小時精力旺盛，思緒敏捷，但是過了兩個小時，開始覺得注意力無法集中。

下午兩點左右，是大多數人最容易產生疲乏感的時候，這時同事之間發生爭執的機率是最大的。

晚上回到家，想和家人聊聊天，但是卻老是感覺心不在焉，滿腦

子都是工作上的事情。

朋友生日，已經約好慶生會，但下班時感覺累到不行，不想去了。

做個企畫案，但總感覺沒有頭緒，腦袋好像卡住了一樣。

以上這些其實都是精力不足所導致的狀態。造成精力不足的原因很多，其中有三個最為常見：

❶竭澤而漁

其實我們每個人都有一個精力池，而精力就像池塘裡的魚一樣，精力不足就代表我們抓魚抓得太狠。而精力出現大問題，就是因為我們做了一件極端的事：竭澤而漁。熬夜這件事，就是典型的竭澤而漁。

❷壓力成癮

狂熱不停的工作節奏，其實有可能令人上癮。持續高效運作的調整應該是停頓、休息和自我恢復，但是人在高度緊張的狀態長期運轉，會漸漸失去換擋減速的能力。當需求增加時，人會本能地逼迫自己。慢慢地，人會開始抗拒本能幫助自我進行調整。

❸無用焦慮

這一點在之前已經提過，許多時候人並不是被生活打敗，而是被自己的焦慮打敗。

以上簡單說明陷入精力泥淖的幾個常見原因，接下來進入重頭戲：如何做好精力管理？

3. 如何做好精力管理？

精力有四個層次，以下分別針對精力的四個層次提出有效管理的策略。

❶體能精力管理

從睡眠、飲食、運動等三方面著手，基本上就可以囊括在體能精力管理部分需要做的事情。

（1）睡眠

睡眠是最重要的精力恢復來源。

當然，每個人的睡眠需求量有所差別，但是絕大多數人每天都需要七到八小時的睡眠，才能確保身體的精力可以良好運轉。

我個人已經持續一段時間在凌晨四點半起床，中間雖然會有間斷，但整體感覺很好。這不代表我每天有在壓縮睡眠時間，我只是透過調整睡眠的時間和節奏，來提高自己的精力狀態。

由於早上四點半起床，因此我必須晚上十點之前就寢，但是如果十點之後確實有事情必須完成，那麼我便不會硬逼自己必須四點半起床，這種自虐方式只會讓第二天感覺更糟糕。一定要確保有六個半小時以上的睡眠時間。

同時，還要適時補充短暫的休息，例如中午我會午睡半個小時左右；有時候下午累了，也會在辦公室來回走動提振精神，看看遠處或是在座位進行短暫的冥想。

精力不足的罪魁禍首是體能不足，而體能不足的最直接原因是睡眠不足。

（2）飲食

體能精力的第二個重要來源是食物。關於飲食提供以下三點建議。

■少量多餐

可以把一日三餐調整為一天分五次進食。當然不建議吃宵夜，而是要讓飲食能夠更加科學。

這樣做的本質是要讓血糖不要出現太大的波動。如果兩餐之間時間過長，血糖降低，飢餓的感覺會降低人的精力狀態，而中間加一餐優酪乳或堅果，就能幫助減少血糖的劇烈波動。

總之，不要讓自己太餓，當然也不要讓自己太撐。

■適量補水

人體中水分含量大約是百分之七十，而大腦中水分的含量是百分之八十甚至更高，有時候覺得疲勞，不是因為真的疲累，而是缺水。

因此每天要適量補充水分。

對於一個人一日所需的水分，可以簡單計算，即體重除以三十二。如果體重是六十五公斤，那麼每天就需要大概近兩公升的水分攝取。有人抱怨工作忙碌，忙到沒時間裝水，我個人的解決方案是，買一個容量夠大的水壺，上班就把水壺裝滿，然後一天結束的時候，只要喝完這一整壺水，就能確保這一天的水分攝取。

■咖啡

我是個咖啡愛好者，尤其在最近兩年，喝咖啡的頻率很高。根據美國國家衛生研究院的數據顯示，每日咖啡因的攝取量在四百毫克以內算是安全範圍，這大概是家用咖啡機所製作四杯左右的咖啡，或是十瓶可樂的量，一般人根本一天喝不了那麼多，因此不用太擔心。

但是，有一點要注意，盡量不要加糖，因為糖分過高會讓胰島素大量分泌，很容易讓人進入疲勞狀態。

（3）運動。

適當的運動會對精力恢復大有幫助。但問題是，許多人的時間不可控，或是去健身房的成本比較高，總是沒有時間運動。

之前曾提到《驚人習慣力》的作者蓋斯原本想健身減重卻總是無法堅持，後來乾脆規定自己每天只做一個伏地挺身。

這個目標看起來很小，但是卻順利地幫助他瘦了下來，並且練出很棒的身材。

其實這是很簡單的道理，當只要做一下伏地挺身的時候，人不會有太大的心理負擔，更容易持續，而且一旦開始，就會覺得一下不過癮，既然做了，那就多做幾個吧，反而讓人有了更多的發揮餘地，這種超額完成任務的感覺，又會激發成就感和滿足感，於是進入一個正向循環。

看起來是一個微小的目標，最後完成一項重大的挑戰。

在此向大家推薦一個適合零碎時間且便捷的運動方式——高強度間歇訓練，能夠在短時間內完成高強度運動，即便只有一分鐘，也會對身體產生正面的鍛鍊影響，有興趣的讀者可以自行搜尋。

總之，對於運動這件事，我覺得對於忙碌的現代人來說，可以為自己設定幾個原則：

首先，找到一項自己最喜歡的運動作為主要項目，例如跑步、打球等。

其次，每天有固定的運動時間。

最後，不一定有時間的時候，利用零碎時間做一些微運動。

工作的同時，一定要注意運動，因為運動真的對維護精力有很大的幫助。

❷情感精力管理

如何才能激發正面情感，擺脫負面情緒，提升精力狀態呢？

先來分享我個人的經驗，這幾年我能夠感受到，隨著年齡漸長與社會閱歷增加，我自己的情緒控制能力也有明顯地加強。在此我就以自己為例，來聊聊如何避免讓情緒造成精力的消耗。

情緒分為兩種，一種是原生情緒，指的是一個人在事情發生之後的本能反應；還有一種是衍生情緒，指的是人對原生情緒加工之後的感受。

例如，在路上開車，有一輛車從旁邊飛快地開過去，差點就撞上你。一開始，你的情緒是有點害怕，接著害怕之餘可能會覺得，對方是故意超車，因此害怕的情緒就轉變為憤怒。這時候你可能會加速追車，結果導致追撞等嚴重的後果。

在這個例子當中，害怕屬於原生情緒，而憤怒則是衍生情緒。衍生情緒是使人做出不合理行為的誘因。因此，調節情緒的關鍵，在於學會控制衍生情緒。

如何提高調節情緒的能力呢？有以下四個技巧。

一是訓練情緒覺察能力。

當出現負面情緒的時候，要懂得覺察，而不是任由負面情緒控制自己。例如，在前面的例子當中，你覺得對方是故意超車，於是開始

憤怒。這時可以和自己說：「哦，我好像生氣了，我好像因為別人做的這件事而生氣，對方超我的車，我就開始生氣了。」

把思考和生氣的過程以對話的方式在腦海中過一遍，就會發現，當我們一再梳理自己的憤怒情緒之後，便會使這種憤怒減弱，並且很快就會發現這其實是一件不值得生氣的事。

二是不要亂貼情緒標籤。

人在生氣的時候最容易質疑自己。舉個例子，如果你遺失了手機，正確的做法不是抱怨自己粗心，這只會讓情緒變得更加糟糕，既然遺失手機的事件已經發生，那就試著以「人難免會犯錯、人無完人」等類似的想法來安慰自己。

三是學會平衡思考。

懂得平衡思考的人會優先考慮自己的長遠目標，做出最有效的決定。例如，明明工作很忙，結果主管又安排一項新工作，雖然覺得很委屈。但是這時候不是選擇表現出不滿的情緒，而是冷靜思考之後再和主管溝通，試著調節工作量。能夠理解和主管發脾氣或自怨自艾只會對自己不利，這就是一種平衡思考。

四是學會處理情緒危機。

首先，我們可以把憤怒、焦慮等負面情緒寫下來，透過文字輸出，可以緩解一天當中累積的負面情緒，想辦法解決問題，而不是受情緒所控制。這也是鼓勵大家每天寫作希望達到的目標之一。

其次，可以想辦法轉移注意力，思考做什麼能讓自己高興。最後，還要制定一個危機因應方案，內容包括：是什麼引起了自己的情緒危機、陷入情緒危機時自己有什麼表現、為了轉移注意力可以做什麼事

情等等。

情緒危機容易讓人失控，就是因為我們很少提前制定因應方案。

但是如果試著回想自己近期情緒出現波動的場景就會發現，其實負面情緒出現的場景很多都是相似的，可能是抱怨老公不分擔家務，或是主管總是責備你工作沒做好，這時候，要針對出現頻率較高的場景制定因應方案。一旦相似場景再度出現時，及時拿出自己提前設置好的因應方案，問題或許就能迎刃而解。

❸思維精力管理

思維精力恢復的關鍵，是讓大腦能有間歇地休息。

人的左腦負責邏輯分析能力，右腦負責創造力，需要間歇性調動左右腦交替思考。

要讓思維保持活躍，就需要在投入與抽離、思考與放鬆、活躍與休息之間有節奏地交替進行。

有一句話說得好，適當的放鬆可以為工作帶來靈感。當然，這裡的放鬆僅限於適當。

持續的智力活動可以預防大腦退化。學習新軟體、新課程以及每天讀幾頁書、記幾個新單字都能幫助鍛鍊思維，提高效率。

❹意志精力管理

找到人生的意義，也就是尋找自己的人生使命。

許多人會對人生意義感到迷茫，尤其是找不到自己工作的意義。提供以下四點可以作為追尋生命意義的自我探問：

part
4

（1）我擅長做什麼？

（2）我做的事在為誰服務？

（3）我的服務對象能從我的服務得到什麼？

（4）我的服務能夠讓服務對象有什麼不同？

如果能回答清楚這四個問題，我相信一定能找到自己的答案。

就像史蒂芬‧褚威格（Stefan Zweig）所說：「一個人生命中最大的幸運，莫過於在他人生的中途、在他年富力強的時候，發現了自己的使命。」

因此如果能夠找到自己喜歡的、擅長的和別人所需要的這三者中間的交會，這很可能就是你的使命，也就是你的意義感來源。

許多人很好奇，我為什麼要離開穩定的中央企業總部，選擇投入創業這樣具有高風險性的事。下面這段話是我當時遞交辭呈時在備忘錄寫下的文字，與你分享：

2018 年 12 月 29 日

今天，我向工作了六年的公司正式提請了離職，決定創業。

我從一名中央企業員工，變成了一名創業者，完全跳出體制，跳出大公司。很多人，包括我的主管、同事甚至家人都表示無法理解，為什麼放著這麼好的工作不珍惜，要自己跑出去瞎折騰。

因為我發現，在持續寫作的過程中，在推進 108 社群建設的過程中，尤其是我的文字和 108 社群得到很多正面的回饋之後，我愈發覺得，幫助大家實現自律，幫助大家獲得自由的生活，真的是非常有成就感且有價值的事情，這也是我喜歡做的、一定要

做的事情。

也正是基於以上這些，我決定全心投入這件事之中。

這件事讓我看到自己人生的意義，有那麼多人需要透過自我管理來梳理生活，透過每日的行動日誌找到自己的目標，有效率地朝目標邁進，透過每週覆盤，可以每週都讓自己有所更新調整，如果 108 能夠承載這樣的功能和目標，那麼這件事的意義就非常重大。

因此，當我找到這件事的意義之後，就決定辭職，全心投入經營。當人找到了人生的意義，就會有明確的方向，做任何決定都不會猶豫不決，而是更加堅定。

賈伯斯曾在史丹佛大學的畢業演說提到：「你的工作將會占據你人生的一大部分，只有相信自己做的是偉大的工作，你才能夠安然自得。如果你還沒有找到這些事，那你要繼續去找，不要停下來，要全心全意地去找。當你找到的時候就會知道，就像任何一種真誠的關係，隨著歲月的流逝，它只會愈來愈親密，所以你一定要去找，不要停下來。」

我相信，每個人只要不停下腳步，就一定能夠找到自己的人生意義。而當人生意義出現的時候，人的精力便會無窮無盡。就像寫作這本書，許多文字都是在小孩睡著之後寫出來的，經常寫到凌晨一兩點，但我並不覺得疲累，因為這非常有意義。

本章知識覆盤

1. 做好精力管理，要先理解精力的四個層次，包括體能、情感、思維和精神（意志）。

2. 為什麼會陷入精力泥淖？有三個原因：包括竭澤而漁、壓力成癮、無用焦慮。

3. 如何做好精力管理？要從精力的四個層次入手，而最重要的本質是第四個層次：意志精力。只有活出人生的意義，才是做好精力管理的最高追求。

第 **12** 章

三角平衡
思考、學習、行動──想到、學到、做到

第 11 章從精力管理的角度說明了產能與產出之間如何達到平衡，本章則將從另一個平衡視角，重新審視自律這件事。

在第一篇「動機系統」中，已提出一個底層的邏輯：認知決定行動，行動決定結果，結果決定命運。本章要把這句話做一個延伸，擴展為：**思考決定認知，認知決定行動，行動決定結果，結果決定命運。**

把思考作為其中一個環節加入，形成完整的邏輯鏈條。而無論是思考、認知還是行動，對於自律而言都是缺一不可，需要形成一種系統性平衡。

因此就按照這三個角度將自律切分為：思考自律、學習自律（認知自律）、行動自律。

我們可以重新理解：思考決定認知，認知決定行動，行動決定結果，結果決定命運。簡單解釋就是：想到─學到─做到。

首先，要能夠想到一件事，想到之後還要設法學習理解，對事情建立清晰的認知，而之後這種認知會引導進行決策，實施行動，行動後的結果就會逐漸累積、建構一個嶄新的自己。

part

4

接著就會導引到一個終極問題：「我是誰？」

聽起來很哲學，很難回答，而我更喜歡把這個問題做一個轉化，叫作「我希望自己在未來能夠成為誰？」

也就是說，要以動態的角度去看問題、去看自己，現在是誰不代表未來一成不變，在思考、學習、行動之後，就會發生變化，不再是以前的自己，而是一個全新的自己。

這就是我們所說的個人進化三階段，每個人都能夠有所提升，而提升的路徑無非就是：想到、學到、做到。

這幾乎是實現個人進化最核心、最少的必要步驟。

未來的我們，需要闖過這三關，才能夠達到個人進化，實現富足人生，而最需要的武器是什麼呢？就是在這三個面向都要維持自律，找到那個平衡點。透過這三重的洗禮，三重的自律，才能達成全新的蛻變。

1. 思考自律

首先我們來看第一重：思考自律。

日本管理學大師大前研一曾經寫過一本書，叫《思考的技術》（考える技術）。他在書裡提到這樣一個觀點：「新時代是一個會因為思考力差異而造成極大差距的時代；在新世界，懶於求知的人，沒有生存空間。」

你可能會覺得這種話有些危言聳聽，但是，就像我們開篇提到的那句話：思考決定認知，認知決定行動，行動決定結果，結果決定命運。

如果在最開始的思考環節，是一片空白，或是完全錯誤的，那麼

接下來的認知、行動、結果都是一紙空談，或是在朝深淵走去，這也就意味著自己將會進入停滯狀態，甚至是後退狀態，那麼你與別人的差距必然會愈來愈大。

那麼，我們說思考自律是什麼意思呢？

小米創辦人雷軍曾經說過：「不要用戰術上的勤奮，掩蓋戰略上的懶惰。」就是一個最好的解釋。

先有戰略，再有接下來的戰術，先有思考，才有後來的行動和結果。如果思考就有問題，那麼接下來耗費時間所做的許多事情，又怎麼能夠達到卓越呢？

所謂的思考自律，就是要以一種科學的方式建立自己的思考能力，要在思維上讓自己保持自律，而不是懶於思考。

我們不要做羅素曾經說過的那種人：「寧願死也不願意思考」。

以下分享三點我所理解的思考自律。

❶要理解並訓練自己的後設認知能力

先來說明「後設認知」（Metacognition）的概念，這個概念來自於美國的心理學家傅來福（John H. Flavell），他寫了一本書，叫作《認知發展》（Cognitive Development），在書中第一次提出後設認知的概念，後來在心理學領域逐漸發展成為關鍵的一個分支。

後設認知是什麼呢？簡單來說，後設認知就是你對思考行為的思考。我們可以在腦海裡設想一個場景：

你坐在辦公室裡，正在思考一個難題，而這個時候，在你的上方還有另一個你，一個有著上帝視角的你，低頭看著下方的自己，看你

是如何思考、思考的方式對不對、有沒有改進的空間、有沒有思考的漏洞或誤區等等。

而上帝視角的你，就是你的後設認知能力的展現。

對於後設認知能力，就是「思考思考再思考」，要不斷反思思考的過程，然後再進行思考，便能夠獲得更加有深度和廣度的思考能力。

佛教禪宗中有一句話叫：「主人何在？」其實也可以作為類比，當人失去正念的時候，腦子裡突然出現一個聲音，當頭棒喝：「主人何在？」。

也就是說，我們要時常覺察，自己在思考的時候，是不是已經失去對自己的覺知，是否能夠感受到自己思考的過程和狀態，時不時要以上帝視角，或是佛陀視角，看待自己的思考過程。

後設認知和正念有其相似之處，就是「對當下自己的思考保持全然的覺知」。

在後設認知能力夠強大之後，人就能夠心平氣和地去反思，自己是不是想錯了？自己是不是有思維誤區，要不要停下來換個角度思考？

當然，這是一個不斷反覆的過程，要反反覆覆地經歷許多次，有可能思考著思考著，就忘記以上帝視角反思自己的思考，這個時候就要試著「靈魂出竅」，飛到上空看看下方的自己，是不是想歪了、走偏了。

後設認知的過程其實是讓人掌控自己的大腦，而不是被大腦所掌控。我們可以透過後設認知，思考自己的思考過程。

在思考方面，人通常遇到最大的問題，就是不能盡早啟動後設認知。為什麼呢？有兩個主要原因：

一是嘗試理解未知事物的努力還不夠；二是對已經掌握的知識過於自信。因此，思考就會陷入僵化狀態。那麼到底該如何啟動後設認知呢？

可以把後設認知具體化，在此提供一個簡單的後設認知能力的訓練方法：設定數個固定化的套路問題，在進行思考的時候，時不時自我提問。

（1）我思考的方向有沒有偏差？

（2）我的思考是否有漏洞或缺陷？

（3）有沒有方法可以衡量我的思考是否有效？

類似的問題就是在啟動我們對思考的思考。

後設認知這個概念比較抽象，但是後設認知能力卻是一個很容易被忽略卻又非常重要的能力。

❷保持極度開放

這就是之前第 2 章所提的保持極度開放，大家可以回顧之前的內容，在此就不再贅述。

但是要特別提醒的是，大多數人在思考的過程是偏向於封閉狀態，正是因為人有這樣的傾向，因此更要讓自己自律地形成「保持極度開放」的思考習慣。

還是舉個我自己的例子：其實「保持極度開放」對於我個人而言，也是近幾年發生的事情。在之前的求學、求職以及工作過程，多少也會有一些封閉的「菁英主義」思想，由於很多事情靠著自己閉門造車就搞出來了，因此看到一些新的想法，便會下意識地逃避，而這種逃

part

4

避、不開放所造成的結果，就是很多困局會成為一個死局。

而要讓我們的人生突圍，第一件要做的事情就是開放，把自己打開，把以往的認知先收起來，從零開始了解。

當開始進入極度開放的狀態之後，才能有新的方法幫助突圍，否則，便只能守著以前的老路，邊走邊鬱悶而且還不得要領。

❸愈牴觸，愈推進

這個部分不只是思考自律的要點，同時也可以作為剛才所提關於後設認知的一個小測試。

你是否有這樣的經驗，有一件事看起來很有用，似乎會帶來一些改變，但是你覺得好累，就是不想了解，不想思考；或是擔心如果認真思考之後會發現，以前的自己是錯誤的；或是焦慮，如果知道這件事，可能會發現自己因為過去的不了解，結果失去很多機會。

你會有一種牴觸思考的心理。

舉個例子，2010 年就讀研究所時，大家跟著導師做研究，有一次吃飯，導師和大家一起聊天，講到他朋友的故事，一個讓人唏噓不已的買房故事。

我的導師是「70 後」，是從小縣城考到了北京，畢業之後，大部分同學都去了銀行等金融機構，或是進入企業做財務工作，而他留校做了老師。

一開始那幾年，大家還沒結婚生子，經常聚會，每次吃飯的時候他都有些自卑，因為論薪資待遇，他遠遠落後於那些同學。當時他的想法就是，努力工作，好好賺錢，希望能早點買一間自己的房子。那

時候北京的房價並不高，但是對於當時的他來說依然負擔不輕。

而其他同學對他的購屋想法總是嗤之以鼻，其中有一位當時在同學中算是薪資最高的同學就勸他：「房子這東西，工作幾年就有了，而且學校都有宿舍，何必這麼急？」

導師則反過來勸他：「市場經濟下，房子一定會增值，早買早好！」這位同學則不以為然。

幾年之後，導師買了房子，雖然不大，但總算有了自己的家。而那位同學從公司的宿舍搬出去租了一間兩房一廳的房子，聚會的時候依然說：「買房子這件事不急，何必做屋奴呢！」

再之後，導師把小房子換成了大房子，有了閒錢之後又貸款買了第二間，把小房子出租賺租金，大房子則一家三口自住，而他那位同學依然還在租房子。

直到 2015 年房價暴漲的時候，他終於買了自己的第一間房子。搬進新房之後，他邀請導師去做客時說道：「當時你真的該再好好勸勸我啊！一開始我覺得房子沒什麼用，反正是單身，後來結婚的時候想買，但是房價已經很高，就想等房價降一點再買，遲遲沒下手，再後來，有了孩子，依然租房，可是那時候已經買不起了。這次，我東拼西湊，說什麼也把房子買了。」

而導師問他，當時真的覺得房子沒用嗎？

同學說了實話：「其實，那時我隱約覺得好像應該買，但是想想覺得好麻煩，每次路過房屋仲介的時候，我都繞著走，生怕看到房價又漲了，也刻意不去想房子的事，擔心自己這些年錯過這麼多，心裡難受。現在想想，當時就是在逃避，明明知道這件事很重要，卻總是

繞著走。」

好，故事講完了。

關於房價我們不多談，重點是來分析我導師同學的思維過程，就是我們所說的，出現了思考牴觸。明明知道這件事很重要，卻因為感覺麻煩，或是擔心發現自己已錯了太久，就愈發不想思考。

結果，這種鴕鳥的心態使他錯過最好的時機。

那麼，一個關於後設認知的小測試來了，以這個故事為例，如果你是這個人，應該如何針對這段思考，進行一次後設認知的反思？

講完思考自律，我們接著進入學習自律。

2. 學習自律

先分享一件我自己家裡的小事：我家老大快要上小學的時候，幼稚園開始為小學的課程做準備，其中一項內容是跳繩。

但是我家老大天生運動協調性比較差，許多運動學起來都比較吃力，包括跳繩也是如此。

剛買跳繩給他時，他一下都不會跳，自己一個人在家裡崩潰大哭，邊哭邊喊：「我為什麼這麼笨啊？我不跳了！」

我和太太的策略是，除了鼓勵，還做了一個很重要的引導，就是幫他回憶自己的學習過程。例如，學散打，他一開始也是完全不會，但練著練著動作就愈來愈標準；學英文，一開始英文字母寫得歪歪扭扭，現在進步太多了；學圍棋，我從來都沒下過圍棋，一開始都能把他圍住，但現在已經完全不是他的對手了……

我們夫妻倆用很多例子告訴他，任何一件事都不是天生就會的，

這和天賦、智商都沒有關係，而是和學習能力有關。

沒有經過練習，就永遠無法學會。

接著，我們幫他制定一個練習跳繩的計畫，一開始每天跳十下，跳得不好沒關係，只要跳足十下就算完成任務，之後數量上升到二十下，再來到一百下。透過這個計畫，他跳繩的數量從零到一再到十，慢慢上升。後來，他很開心地回到家，說自己已經從班上的 D 組，上升到 A 組，可以連續跳七十二下了。這是非常大的進步，許多一開始跟他一樣不會跳的同學依然不會跳，但是造成他們的現在的差距不是天賦，而是不斷地學習與練習。

有一句話我非常認同：一切事物皆可習得，但前提是，你要相信這一點。

我兒子現在已經建立起一個觀念，就是所有的事物都需要學習，再聰明的人都不可能自然習得，而智商更不是關鍵因素。

後來，他每次學習新事物時，包括爵士鼓、滑板等，都會把學習視為一個升級打怪的過程，一定會遇到瓶頸，那就透過不斷地練習來提升自己。

❶相信一切事物皆可習得

因此，關於學習自律的第一點，就叫作：相信一切事物皆可習得。

首先要相信，透過學習一定可以習得一些東西，當然難度會有差異，耗費的時間也會不同，要學習什麼，要掌握什麼，要精通什麼，這不是討論範圍，最重要的是，你相信：要學的東西，是可以習得的。

學習自律的第一點，就是建立自己的學習自信，把學習當作一種

信仰。

❷擁抱殘酷的學習規律

關於學習自律的第二點：擁抱殘酷的學習規律。這是什麼意思呢？

還是以小孩的學習為例，之前我的一位主管，曾經以過來人的身分，跟幾個有小孩的同事提出一個建議：「你們可以讓小孩報名補習班，但是一定要讓他們堅持，不求多，但求不放棄。」

後來在陪讀的過程，我愈發覺得，這位主管的話說得太對了。

我家保姆有一次跟我聊天提到：「我覺得你們給小孩的壓力太大了，小孩開開心心就行，何必學那麼多東西呢？」

當時我是這樣回答的：

首先，學任何事情，都是小孩一開始有學習意願的，他喜歡這件事，因此才報名學習，我們從來都不會強迫孩子學習任何事情。

再來，我們沒有要求孩子要學到多麼頂尖的狀態，結果不重要。

最後，最重要的是，我們希望孩子在學一門新知識的過程能夠體會，任何學習的過程都是相似的：有興趣—進入瓶頸—愈來愈難。接著就會出現一個岔路口，一條是放棄，一條是堅持，若是選擇放棄，這次的學習行動就宣告失敗了。

我們給孩子的原則是：學任何事情都不放棄。

這不只是一種學習的習慣，甚至是一種人生的習慣，如果一個孩子在學習的過程遇到難學的事情就放棄，總是以這樣的過程結束，那麼就會養成一種人生習慣：不行就放棄。

這是非常恐怖的事，一旦「放棄」這兩個字在孩子的字典裡是非

常隨意的一件事，那麼在未來的人生路途，極有可能形成一種放棄的慣性。

因此，我們要做的，就是擁抱殘酷的學習規律，面對那些困難，然後堅持不放棄。

❸邊界延伸、深度鑽研

關於學習自律的第三點，可以這麼概括：邊界延伸、深度鑽研。這也是我近期在學習過程中確定的一個新原則。

首先，我們來談談邊界。

我們一定要跳脫學習的舒適圈，不能只局限於自己已經認知的內容。我們的認知就像一個圓圈，而人生的各種機遇或是突破，就像一個個零散地分布在人生地圖上的點。

認知圈愈大，愈有可能接觸到更多的機遇或突破，如果認知圈不變，也就很難遇到所謂的機會。

就像之前我提到自己在學習方面的 OKR，為了擴展自己的認知邊界，確定了學習管理學的目標，這部分內容就屬於我的認知盲點，而未來我在創業過程中很多機遇點，可能就分布在管理方面，那麼就要盡可能擴大自己對於這類領域的認知，才能抓住未來的機會。

另一個關於深度的部分。

從小我們就被灌輸「不要淺嘗輒止」。但是，在現在這個時代，知識邊界愈來愈寬，想要獲得深度認知，就需要花費許多時間和精力，要如何去解決這個矛盾呢？

之前我又重新看了羅振宇和中國科技企業家羅永浩長達數小時的

《長談》紀錄片，中間羅振宇問了羅永浩：「你的學習路徑主要是什麼呢？」

羅永浩說，讀書。他以前是個文藝青年，看的大多數是小說、散文之類的書，而創業之後，則主要看商業管理類書籍，或是和專業相關的書。而且在他們公司，當他看到一本好書之後，還會引導員工一起學習，然後再結合公司實務進行運用。

羅振宇則分享自己的學習路徑：聊天。他會經常向不同產業、領域的超級菁英請教，最近有沒有看到什麼好書，然後書裡有什麼好的觀點，每一次聊天都是一次燒腦的學習過程。

兩個人的學習路徑，一個是讀書，一個是見人。可以這樣說，許多厲害的人，快速學習的模式幾乎都是如此。

3. 行動自律

最後我們來看第三重：行動自律。

❶行動要忠於思考和學習

我們花了許多時間思考自己的方向，確定方向之後，完成辛苦的學習，而接下來要做的，就是付諸實踐和行動。

但是，我們經常會遇到「學不以致用」的狀況。舉例來說，曾經有一位讀者向我諮詢，他拿出當年的年度計畫，洋洋灑灑做得很好，但是總覺得太多了。

我就問他，你明年最想做的事情是什麼？他說，是賺錢。然後回到他的年度計畫，健身、減肥、游泳、旅行，但是賺錢的部分，只占

了不到十分之一的篇幅。

這其實就是一種行動不自律的表現，明明最想要的是賺錢，但是行動計畫竟然沒有相關的位置，又怎麼可能達成目標呢？

同樣地，我們一直強調，在每天的行動日誌，都要對 OKR 進行審視，然後不斷問自己：「我現在做的事情是不是跟我的 OKR 有關。」這也是在提醒自己，我的行動是否忠於自己的思考和學習？

紀伯倫說過一句話我非常喜歡，「不要因為走得太遠，而忘記為什麼出發。」

再說一遍，行動要忠於思考和學習。

❷行動可以適當提前於思考和學習

關於行動自律的第二點：行動可以適當提前於思考和學習。看似和第一點有所矛盾。別急，我來解釋一下：前面所說，行動忠於思考和學習的前提是，你確實找到自己認為正確的方向，那麼，就要按照自己的方向和目標努力向前。

一件事想清楚再做，有了地圖再出發，做好利弊分析，再開始實行。但這種狀態，其實並不適用於所有人。因為很多時候，即使已經很努力地思考人生使命和目標，可能真的仍不知道自己該往哪個方向、該怎麼走、該學什麼、該做什麼。

就像我們被扔進一座森林，什麼都沒有，更別說地圖了，怎麼辦？如果按照原有的思路，思考、學習，想清楚再出發，找到走出森林的路，可能想破頭都想不出來，最後被困在森林之中。那麼，正確的方式應該是什麼呢？

靜下來，聽。聽什麼？聽水流的聲音，一點點也行，然後跟著水流聲一路往前走。

由於水流本身就是彎彎曲曲的，你肯定會繞很多的彎路，但是，有水流就代表有希望，沿著水流走總能找到那條大河。

而你走的這些冤枉路，看起來雖然耗時，但是，只要你一直在走，有耐心，就一定能走出來。

在此，我們可以把「水流的聲音」理解為「最小可行性產品」。這也是新創產業常見的名詞，英文是 Minimum Viable Product，簡稱 MVP。

也就是說，如果看不清未來的方向，有很多不知該怎麼選擇的選項，那就從複雜的選項中抽取一個，做一次可行性測試。不需要把身家全部投入，而是精實地控制時間、資源、成本，先把路走一遍，試試看。

我們在面對混亂和迷茫的時候，一定要相信兩個事實：

首先，無論如何先做了再說，因為也不知道哪條路是對的，先往前走再說，只要開始行動，就會發生變化，這些變化可能是意外，也可能是機遇，但如果不行動，意外和機遇都不可能發生。

其次，只要開始行動，就能透過行動過程遇到的「坑」，或是撿到的「金幣」，從零到一建立一套行動邏輯。即使在行動的過程遇到了許多困難或陷阱，但至少能憑藉行動主動辨識哪一條路是不可行的，用行動排除法一條條地試，總比留在原地看著十幾條路發呆、崩潰、大哭要好得多。

這就是行動自律的兩個核心邏輯。

從本篇內容中你可能會發現，在思考、學習、行動三個步驟當中，你對自律的理解會和以前大不相同。

之前是提供自律的工具，引導思考和實踐。而動態均衡則是讓人對自律概念的理解再次升級，幫助我們跳脫出來，站在更加宏觀的角度理解自律，使用我們的後設認知能力，去思考、學習、行動。

本章知識覆盤

本章主要從三方面認識自律：思考自律、學習自律、行動自律，透過三角平衡達到自律的三重進階。

1. 思考自律：理解並訓練自己的後設認知能力，保持極度開放，愈牴觸、愈推進。

2. 學習自律：一切事物皆可習得，擁抱殘酷的學習規律，邊界延伸、深度鑽研。

3. 行動自律：看似相互矛盾的兩點，但其實互為補充，行動忠於思考和學習，而在混亂迷茫時，反而要讓行動適當先於思考和學習，先做再說。

還記「成長系統」在自律金字塔模型中位於哪個位置呢？

其實，「成長系統」不在金字塔的結構當中，而是圍繞整個金字塔，「成長系統」更像是一棵樹的根部，滋養整個自律系統，持續支持我們實現富足人生的目標。

之前四個自律系統在運轉的過程都離不開兩個字，那就是：成長。成長既是開始的前提，也是完成的結果，如果沒有成長，再多的系統，再多的自律，也都只是空談。

在自律五大系統當中，開篇的「動機系統」和結尾的「成長系統」，都刻意從思維認知的角度帶給大家不一樣的思考。

而對於人的思維認知，其實很難經由實務操作改變，而是要確實地訓練自己的後設認知能力，思考思考再思考，這樣才能獲得思維的轉變和認知提升。

本篇就是幫助大家打造能夠終身成長的成長系統：

首先，介紹三種顛覆性思維，是能夠讓人加速自律、加速成長的思維。接著，將系統性介紹逆境商數，或者可謂反脆弱能力，也可以理解為鈍感力。最後，將再次系統性提出我們每個人都應該秉持的思維模式——終身成長。

❝ 做一件事，成功也好，失敗也好，都是次要的，最重要的是，這件事讓你獲得成長。**❞** ── **Kris**

終身成長篇

成長系統

思維模式、逆境商數、成長進化

第 13 章

加速成長
三種顛覆認知的思維，放大自律力

　　本書讀到這裡，應該已經掌握一系列自律的工具，或許早已將書中的方法應用於生活之中，甚至已經開啟新一輪的自律訓練。

　　那麼，你是否想過，如果繼續維持目前的自律狀態，距離自己富足人生的目標還有多遠呢？

　　不急著說答案，我先講個故事。

　　我見過最自律的一個人，是十多年前我支援教育與教學管理的那所學校的警衛室職員。他每天早上四點多就起床，把整個校園打掃一遍，白天時，依學校規定每個小時巡邏全校一次，他在警衛室也不用手機，就只是看學校訂閱的報紙，似乎非常愛學習。

　　校長在一年之中會與教職員有四、五次會議，唯一每次會議都表揚的工作人員，就是這名警衛室職員，他真的把自己的本職工作做得太好了。

　　但是，即使校長很滿意，大家也很喜歡這名警衛室職員，他依然是全校工作時間最長的一個臨時工，工資待遇自然不高。

　　做好自己的本職工作，能夠發揮自己的價值當然很好，我也絕不

是有「工作歧視」，我尊重每一份工作，也尊重這位警衛室職員。但是聽其他老師提過，這名警衛室職員其實生活過得並不如意，年輕時因為酗酒導致老婆改嫁，老婆把小孩留給他，他把小孩留給父母，就一個人到省城打工，還曾經因為打架鬧事進過拘留所。後來年紀大了，回到村裡，但一直沒有找到適合的工作，小孩長大也對他充滿怨恨。

即使他平時在學校看起來很自律，但晚上依然經常酗酒，過得很不如意。一個看起來如此自律的人，並沒有獲得如想像般地與自律程度相符合的生活。

回想我自己，當年其實也和那位警衛室職員一樣，很努力、很自律，把工作和生活平衡得很好，但是然後呢？

我一樣領著不高的薪水，面臨房貸的壓力，還有馬上要出生但似乎養不起的老二，因此陷入了無盡的焦慮。難道我的自律出錯了嗎？

因此，在這裡我要特別提醒大家，本書所提的各種自律工具，包括「人生基本法」、個人 OKR 目標管理系統、成就回饋系統、個人平衡儀表板等，會讓你獲得一定程度的精神滿足和正向回饋，至少幫你打掉了一個「怪獸」，但是在未來，一定會有更多的「怪獸」湧入，很多生活中的「怪獸」，並不是只靠自律就能夠搞定。

自律是前提，非常重要，但是在這個時代，我們在確保努力與自律的前提下，還需要突破自己的思維局限，認真思考自己的選擇和賽道，因為如果你做的事情本身方向就是錯的，那麼即使做得再好，可能也無法達成目標。

還是那句話：自律不是目標，自律是實現富足人生的工具。

達成目標的路上，除了自律，還有許多路徑需要我們探索，尤其

part
5

是在這個時代，還需要尋找必要的捷徑。

雖說是捷徑，但並不表示要華而不實地耍小聰明，而是藉由徹底打開自己，然後吸納並尋找針對我們個人的最佳路徑。要懂得借力與順應趨勢，而不是固守在自己的一畝三分地，只顧著低頭奔跑。

因此在持續自律的過程，需要用後設認知能力思考：我們訓練自己的自律能力，到底對不對呢？

自律是成功的基礎，但不是全部，還有許多可以利用的思維模式和資源工具，都能夠放大自律的力量，讓成長加速。

本章就帶領大家一起思考，在達成目標的路上，除了不可缺少的努力和自律，還有哪些思維模式與方法，可以幫助大家更快地成長，加速抵達目的地。

1. 跨界思維：透過換階梯縮短行程

養成跨界思維，往往能幫助我們跳脫慣性，走出人生新篇章。

❶我們都是牧羊少年

先講一個牧羊小少年的故事。

當年央視的一位記者到農村採訪，遇見一個已屆學齡年約七八歲的牧羊小少年，展開如下一番對話。

記者：「你為什麼在這裡牧羊？」牧羊小少年：「賣錢。」

記者：「賣錢為了什麼？」牧羊小少年：「娶媳婦。」

記者：「娶媳婦為了什麼？」牧羊小少年：「生孩子。」

記者：「生孩子為了什麼？」牧羊小少年：「牧羊。」

相信許多人聽完這段對話之後可能不禁會心一笑。但是，我愈來愈發現，其實我們大多數人，在傳統教育的環境下，也成了「牧羊少年」。

牧羊少年的循環模式是：

牧羊—賣錢—娶媳婦—生小孩—牧羊……而我們的循環模式是：學習—工作—娶妻生子—學習—工作……

人會陷入一種慣性，認為這就是自己應該過的生活。例如以我個人為例，在家裡極度傳統的教育環境下，會覺得只有在縣城擁有一份穩定的體制內工作，才是體面的生活，那些折騰著要賺錢的想法，都是不務正業。

但是我們不要忘記，這是自己的人生而不是別人的人生，自己的人生是由自己負責，而不是活在他人的期望之中。

關於選擇方向的思考，同樣可以使用後設認知能力：我們的人生，真的只有這唯一的一條路嗎？

一旦開始思考人生方向選擇，就會發現按部就班並不一定可以成功。想要獲得突破性的成長，就必須擺脫傳統的路徑，打破原有的思維方式，利用水平思考或跨界思考，來實現快速成長。

❷換階梯

這裡要分享一個概念：**換階梯**，人要學會換階梯才能適應快速發展的社會。

如果你明顯感到現在的階梯對你有所限制，那麼，為什麼不思考換一個階梯呢？

《聰明捷徑：打破成規，利用九大模式，快速獲致超凡成就》（*Smartcuts: The Breakthrough Power of Lateral Thinking*）這本書就提到「駭上階梯」這個概念：在一個產業成功累積勢能，然後迅速借勢，轉移到另外一個產業持續取得成功，甚至可以帶著原本所在產業的成功經驗，在新的產業建立新的遊戲規則。

最明顯的案例就是：幾乎九成以上的美國總統都不是一開始就從政，從正規的政治領域階梯開始往上，許多都是在其他領域發展，再跨界到政治領域。他們不是一條路走到底，而是靠著在某個領域的突破成長，跨界之後，換個階梯以更短的時間獲得全新的突破。

跨界成功通常需要具備兩個條件：

（1）必須要在原本的領域做出成績，在業界產生影響力，而且能夠影響的人還不在少數。

（2）有跨領域、跨專業的學習能力，能夠發現不同領域之間的共同核心規律。

有一次參加會議，我聽了張泉靈的現場演講，她身為前央視主持人，後來轉戰金融圈成為紫牛基金的合夥人，在演講中分享了關於內容創業領域的思考，講得很好。

除了學習她的方法和經驗，我也在思考，為何張泉靈作為一位主持人，能夠搖身一變成為一名投資人，而且轉型得如此成功？她如何快速了解並掌握陌生產業，而且還能擁有如此多的洞見？

這其實就是依靠跨界能力。她勇敢地選擇換階梯，從央視這個階

梯，累積到一定的經驗和能量之後，換到新的創投階梯，然後快速學習和迭代，達到新的跨越式發展。

跨界思維對我的影響也非常深。在創業之前，我是一個喜歡寫文章的國營企業人，但是透過自己的努力與持續日更，竟然累積六十萬的讀者，後來靠著寫作，轉換了職涯跑道。這當中有許多運氣的成分，不過在最初選擇寫作的時候，我就是以跨界思維來思考的。

我從小就喜歡寫作，在工作之後，也是部門的筆桿子，還拿過公司徵文的一等獎。因此，當時利用業餘時間寫作，就是在嘗試換階梯。一方面，寫作是邏輯表達和文筆的自我鍛鍊，對我當時的工作有很大的幫助；另一方面，我也想試著擴展自己的能力邊界，看看到底能寫到什麼程度。

現在回想，如果我只是一味地守著自己的一份工作，不進行新的嘗試，也就沒有後來的故事，更也不會有本書呈現在你面前了。而正是在換階梯的過程，我從中找到希望為之奮鬥一生的事業，這就是跨界思維帶給我的意義。

2. 借力思維：杜絕閉門造車，要懂得找階梯

借力思維可以從兩方面來去看。

❶借助前人的力量

網路圈有一個這樣的故事：

阿里巴巴收購了一家小型創業公司，派了一批阿里巴巴的資深員工參與小型創業公司的營運和管理。小公司成員提交了許多產品的提

part

5

案，但是在產品討論會上，幾乎所有的提案都被阿里巴巴的資深員工否決。

小公司的員工不服氣地問：為什麼所有產品提案都不行呢？

阿里巴巴的人說；你們這些產品的想法，我們在幾年前就已經想到，而且還把產品做出來並進行推廣，最後結果是失敗的。因此，如果沒有更新的點子或元素，這些產品就是已經被驗證過的失敗品。

我們在選擇方向或打算進行一件事的時候，一定要大量汲取前人的經驗，看看想做的事情有沒有人做過，有沒有人做成，一旦閉門造車，選了一條錯誤的道路，那麼幾乎一開始就決定了這件事的失敗。

回頭來看我們自己，以最常見的職場為例，許多人希望獲得晉升，可以透過努力工作獲得更好的生活，最好的借力點就是你的主管，因為如果你沿著這條路走也做得不錯，很有可能會在未來走到他的位置。

那麼，他的位置對於你而言，有吸引力嗎？他現在的樣子是你希望變成的樣子嗎？

如果說，你幾乎已經斷定，主管的這種生活讓你非常厭惡，覺得一點興趣都沒有，那就要好好思考，是不是現在這條路真的不適合你走，需要重新確立一個新的方向。

❷打造資源連結能力

關於資源連結，可以分兩個方面來說。

■第一，最直接的人脈。

曾有調查報告顯示，一個人賺取的財富，12.5% 來自知識，87.5% 來自關係。這個數據讓許多人感到吃驚。這表示人脈在生活中扮演很

重要的角色，可以讓人獲得更多的資訊，進而轉換成升遷機會或財富。

有些人會說，「人脈都需要價值交換，如果自己沒有價值，根本不可能獲得有價值的人脈。」

說的沒錯，但是，這並不代表我們一定無法獲得其他優秀的人幫助，這些人一句話，都很可能改變我們的一生。因此，要盡可能靠近那些你希望成為的人，即使只是物理距離。

以我個人為例，當年畢業求職，我的第一目標就是加入中央企業總部（也是我的前東家），為此我做了一些別人看起來很瘋狂的事情。

例如，我在各社群網站尋找這間公司的員工，最後我不只找到了當時面試我的老總，還找到了部門裡的一位前輩同事，我壯著膽子加了前輩為好友，而且透過他知道了一些公司的資訊，得到許多有價值的指點。

當時我只不過是一個學生，別人似乎沒有什麼義務要幫助我，但是，當你真的去嘗試的時候就會發現，即使只是一句話的提醒，也可能讓你有很大的頓悟，這才是人脈真正的力量所在。

我非常鼓勵學員要打開自我，真正地向他人學習，並且進行主動連結。當你發現一位值得結識與跟隨的對象時，就盡可能去多接觸，甚至建立聯繫，對方的一句洞見，或許就能帶來極大的幫助。

曾經有人問過新東方教育科技集團創始人俞敏洪：那些沒有交換價值的人，是不是都沒辦法進入你的圈子呢？俞敏洪笑說：「不會啊，我特別喜歡徒步旅行，許多小朋友都是在參加徒步活動認識的，他們也是剛畢業，但我們交流得很好。」

即使是新東方的員工，都不一定能夠近距離接觸俞敏洪，但是當

part
5

換了一個角度，換了一種角色，就可能成為他的朋友。在網路上透過社群、社團，讓人有了新角色的分配，就能增加人脈連結的可能。而這些人脈，就可以視為引領我們成長的階梯。

■第二，找到你的人生導師。

剛才所提的人脈，主要還是一種面對面的真實交流，但其實還有一種人脈是隱性的，對於我們而言幾乎零成本，那就是找到一位你想成為的對象，觀察對方如何思考、選擇，看對方怎麼做事情，然後分析對方選擇背後的邏輯和原因，反過來驗證自己是否有調整的需要。

我把這個對象稱為人生導師，我們一定要找到自己的人生導師，或許這個導師會有所變化，但在特定階段有這樣的精神指標，可以帶來極大的力量。在成功的道路上，真心幫助你的導師非常重要。

如果有機會接觸這樣的導師，一定不要害羞拘謹，抓住一切機會得到導師的認同，並讓對方為我們提供幫助，這是事半功倍的方法。

可是，大多數人沒有機會接觸這些導師該怎麼辦？找不到導師，那就需要自己主動積極地從書本、影片尋找導師，透過觀察、模仿、抓住要點和細節進行學習，藉由模仿人生導師，找到自己的不足，進而不斷修正。

許多名人在最初學習階段都是先模仿一位老師，即使是天才達文西，小時候學習畫畫也是從模仿開始，透過大量的模仿才漸漸形成自己的風格；王羲之學習書法，也是從臨摹前輩的字開始，透過不斷地臨摹和模仿，最後才自成一派。

學習的最初階段就是模仿，而學習本身就包含模仿的含意。當我們站在巨人的肩膀上，才能有機會超越巨人。正確的模仿並不是完全

複製他人的做法，而是在學習他人的長處之後，彌補自身的不足，在過程中進行修正和創新，然後漸漸地找到自己的風格。

當然，能夠借力的不只有人脈或人生導師，包括我們掌握的各類資源，都可以作為我們能借到的力。

再舉個例子，得到的聯合創始人脫不花經常以沒有上過大學自嘲。確實，脫不花的學歷不高，但是她在培訓界非常資深，而她最經典的案例，就是靠著一股拚勁，從學界邀請了多位知名的教授為培訓機構講課，而她運用的就是各種借力。

教授想分享自己的見解，擴大知名度，培訓機構非常希望邀請到名師，但苦於沒有中間的橋梁，脫不花發現了機會，從中搭建起橋梁。但事實上，她和兩邊都沒有深交，只是挖掘到兩方的需求，牽線搭橋，這就是借力。很多時候，不是我們借不到力，而是沒有放開自己，試著進行資源的重新配置。

因此，借力思維首先需要我們相信自己真的有力可借，然後再想辦法進行資源配置，找到突圍的點。

3. 勢能思維：順勢而為，累積勢能

關於「勢能」，同樣分兩個方面來說。

❶順勢而為

選擇人生方向時，一定要順勢而為。要選擇有利於自己特質與才能發展的方向，或是符合時代發展趨勢的方向。

當年的手機霸主 Nokia，連續十四年於手機市場占比第一名，但是

面對新的行動作業系統和智慧型手機的崛起，依然固守 Symbian 系統。

2011 年，Nokia 被 Apple 徹底超越，錯失世界第一手機生產商的寶座。

Nokia 的失敗，就在於當行動上網的浪潮湧動之時，當智慧型手機已經開始橫掃市場的時候，當整個產業鏈的遊戲規則已經開始發生一系列重大變化的時候，這位過去的強者，卻不願意順應環境改變，不願意主動因應變化，而是繼續心存僥倖地被動回應。在 Nokia 迷失的數年之間，整個產業發生了天翻地覆的轉變，迷失的 Nokia 就這樣遭到淘汰。

企業在面對商業環境變化的時候，往往表現得極為被動而缺乏適應性，就如同滅絕的動物在面對氣候或環境變化時的被動無奈一般，相當多的企業就這樣從商業叢林淘汰出場，即使是曾經的商業王國統治者也是如此。

當時中國有 Nokia 的內部員工爆料：在公司過得很舒服，上班晚來下班早走。隨著 Nokia 的手機王國倒塌，大量員工遭到裁員，許多人因為之前虛度時光，沒有一技之長，因此要承受中年失業的苦果，這就是沒有順應趨勢發展做出及時調整的結果。

無論是企業還是個人，如果過於封閉，忽略外在環境變化，就可能陷入困境。順境之時，要保持清醒，居安思危，能夠觸覺敏銳，在變化時刻及時做出應對策略，這樣才不會迷失。

❷累積勢能

網路時代一夕爆紅的案例太多了，因此許多人會片面地認為，所

謂爆紅只不過是運氣好，但事實是什麼呢？

許多人爆紅的背後，是早已累積自己的勢能，只不過在某個點突然爆發而已。

中國第一部創業紀錄片《燃點》講述了幾位創業者的故事，其中一位是影片網紅 papi 醬，許多人會說，她就是運氣好，剛好趕上影片浪潮才能夠彎道超車。

但大家不知道的是她在背後的努力：papi 醬畢業於中央戲劇學院導演系，畢業之後有很長一段時間沒有固定的工作，但是她沒有放棄尋找自己的事業方向，她曾經隱身於豆瓣，在豆瓣發過許多日記，還經營過社群。

她拍的那些影片，每一句話都需要換一套衣服，每一套衣服都需要完整地拍攝，只要語氣不對就重新來，對台詞、後期剪輯的挑戰非常大。

正是在影片領域的勢能累積，才有了後來的爆紅。但是，如果說 papi 醬只是一個網紅，這就大錯特錯了。她始終在不斷拓展自己的能力邊界，累積自己的勢能。這種勢能不會作假，只會成為日後突破和躍遷的新階梯。

本章知識覆盤

要持續進化，終身成長，除了自律，還要善用更多的思維模式來達到顛覆性成長，加快成長的速度。而思維模式的啟動，同樣需要使用後設認知能力，輔助思考與成長。

1. 跨界思維：透過換階梯縮短行程，善於跳脫固化的思維模式和行動陷阱，找到更加便捷的路徑。

2. 借力思維：杜絕閉門造車，保持極度開放，尋求更多階梯借力幫助。

3. 勢能思維：一方面要順勢而為，做出最佳決策；另一方面要累積勢能，為未來奠定基礎。

第 14 章
逆商
反脆弱能力決定人生的高度

　　談到成長，不得不提到「逆商」。逆商的概念由保羅・史托茲（Paul Stoltz）提出，英文為 Adversity Quotient，簡稱 AQ。

　　逆商，就是逆境商數，也就是挫折忍受力，是指人面對逆境時的反應方式和能力。

　　如果說智商是天賦，情商是和人打交道的能力，那麼逆商就是和自己相處的能力。

　　為什麼要把逆商這個主題放在「成長系統」？因為在自律和成長的過程，必然會遇到各式各樣的挫折，也會面臨不斷起伏的狀態，而逆商則能夠幫助我們在困境中突圍。

　　但遺憾的是，我們的傳統教育，對於逆商的培養非常缺乏，學校會教導知識、方法、道理，卻從未教授怎麼對抗挫折，如何面對失敗和不如意，甚至沒有管道幫助宣洩，所有的壓力都要自己扛，當扛不住的時候就崩潰了。

　　在「平衡系統」，我們提到「人生幸福曲線」，對於個人而言，隨著年齡的增長，幸福指數是呈現下降狀態，簡單來說，就是人面對

part
5

的逆境會愈來愈多，而如何對抗逆境，對於決定人的幸福程度有很大的影響。

二次世界大戰的美國名將巴頓將軍曾說：「衡量一個人成功與否的標誌，不是看他登到頂峰的高度，而是看他跌到低谷的反彈力。」

沒有人一輩子都是一帆風順，人生就是由大大小小的問題和困難所組成，解決一個又一個問題，克服一個又一個困難，然後獲得成長。

在我們自律習慣養成的過程，一樣會遇到各種困境，上一週狀態很好，但是這週一下子就感覺「頹廢」到不行，這個過程，本身就是在鍛鍊我們的逆商。

但畢竟每個人遇到的問題不同，沒有辦法具體衡量；每個人的承受力也不同，如何度過這個過程，如何走出困境？關於逆商，我們就從以下三個方面來思考：

1. 一念一世界：心態決定了九成的事情

美國社會心理學家費斯汀格（Leon Festinger）有個很有名的說法：生活中的 10% 是由發生在你身上的事情組成，而另外的 90% 則是由你對所發生的事情如何反應所決定。

這其實就是我們之前所提，在面對刺激的時候，人類可以主動選擇如何做出反應。人遇到的刺激就是那一成，無法掌控和改變的事，而人的反應就是那九成，可以自主選擇。

如果最近業績不好，被主管狠狠地罵了一頓，這就是那 10% 的刺激，那麼接下來的反應是什麼呢？

有些人會很生氣，覺得主管在故意刁難，然後對工作更加不用心，

甚至自暴自棄；有些人雖然生氣或委屈，但是會克制自己的本能反應，然後主動思考自己的缺失所在，可以透過何種方法改進。

這兩種截然不同的反應，會導致兩種完全不同的結果，一個人可能把自己搞得更加鬱悶，業績更差，而另一個人則能夠跳脫困境，達到個人的成長。造成這種巨大差異的原因，就是人的心態，也就是主動積極，還是被動消極。

我很喜歡一句話，就是：「一念一世界。」

人的心態，人的念頭，就像是一個濾鏡，透過不同的濾鏡，看到的世界完全不同。

人生如馬拉松，在這個過程需要加速超越某個人或衝過某個點，而這些人或點，包括過程可能出現的腳痛、氣喘、心跳加速等反應，都可以視為逆境，最關鍵的就是我們以何種方式來面對。

我再聊聊自己跑馬拉松的故事。在跑馬拉松的過程，會有一段撞牆期，通常發生在二十五到三十公里的時候。撞牆期是長距離跑者專屬的一種酸爽感，一旦遇到撞牆期，會感到全身無力、呼吸困難，腦中會不停地出現「跑不動、不想跑了、腿腳不聽使喚了」。

撞牆背後的原理，其實是身體中的肝醣在跑步過程消耗太快，這時候大腦就開始慌了，決定減少使用肌肉肝醣，然後分泌皮質醇和腎上腺素調動脂肪作為能量來源，但是脂肪代謝效率大大低於肝醣代謝，因此會不自主地掉速，只能把速度維持在一個比較低的狀態。

而遇到撞牆期的時候，就像是人接收到一個刺激訊號，這時候身體會本能地告訴自己，已經到極限了，需要停下來了。但是撞牆期不會一直持續，等肝醣消耗與脂肪消耗的衝接完成之後，就會再次恢復

原來的狀態。

　　但是，不同的心態，不同的選擇，導致完全不同的結果。

　　有些人發現自己陷入撞牆期，感覺無法堅持，最終選擇放棄。

　　因此在跑到二十五到三十公里的時候，放棄的跑者是最多的，陸陸續續會看到許多人坐在路邊休息。但是一旦休息時間過長，想要再啟動起跑就非常難了。

　　也有些人發現自己撞牆了，但是意志力夠強，硬逼自己保持原有的配速，結果，身體完全無法負荷這個強度，就會出現休克等症狀。

　　但是有些人，非常了解撞牆期的原理，知道這是身體的自然反應，速度掉下來沒關係，就保持相對低的配速。等度過這段時期，就可以恢復原本的配速，順利完成比賽。

　　真的是那句話，一念一世界。

　　稻盛和夫說過，在改變自己心態的瞬間，人生就出現轉機。人心決定了外部世界的樣貌。我們如何看待這個世界，世界就會如何回報我們。

　　困境是人生的一部分。人生總會有劇情翻轉的時候，遇到困難的時候不要輕易低頭，一定要跟隨希望不斷地努力。

　　我非常喜歡一部美劇《這就是我們》（This Is Us），劇中男女主角相愛結婚，然後懷了三胞胎，就在他們做好一切準備迎接三個孩子的時候，噩耗來了，分娩的時候其中一個孩子胎死腹中。

　　真的是一個非常大的打擊，而婦產科醫生說了一句話：「當生活給了你最酸的檸檬，你可以把它釀成檸檬汁。」我們面對的世界，就是充滿酸澀的檸檬，只是有人選擇直接吃，有人卻能夠把它變成甘甜

的檸檬汁。

羅曼・羅蘭曾說：「世上只有一種英雄主義，就是在認清這個世界的真相之後，依然熱愛生活。」

總結就是：用悲觀的心態，樂觀地生活。眾生皆苦，人生的底色是痛苦，而在這一層底色上，我們可以選擇擁抱痛苦，也可以選擇深陷痛苦。

2. 反脆弱：從不確定性中獲得收益

逆商就是對抗挫折的能力，但是我們在理解這個概念時，經常會陷入一種誤區：總是把挫折視為一種不好的事情。

我們說人生的底色是痛苦，會遭遇許多挫折，那我就擁抱它或是忍受它，把這些不好的事情堅持撐過去，雨過就天晴了。

但事實上，我們完全可以換一個角度看待挫折。所謂的挫折，其實是一種不確定性。我們面對的世界有許多不確定性因素，而一旦出現變故或挫折，就會打破原本的生活節奏或狀態。

那麼，脆弱的反義詞是什麼呢？

許多人會說，是堅持、堅韌，就像前面所提，雨過就會天晴，那我就把雨撐過去。

但是，下雨一定是壞事嗎？一定是挫折嗎？不是的。

我們原本要曬衣服，結果下雨了，對我們而言可能算一種挫折，那就趕緊收衣服吧。但是更高層次的應對方式是，收完衣服之後，把家裡的花草全都搬出來，讓花草接受雨水的洗禮，能夠長得更好。

這個時候就會發現，原來挫折不是只會帶來苦果或痛苦，也可以

帶來開心和快樂。

《激戰》是一部我會反覆觀看的電影，整部電影其實都在談逆商，主角不斷地遭受挫折，然後從挫折中成長。我印象最深的不是彭于晏和張家輝的精壯肌肉，反而是這個片段：

張家輝飾演的拳手程輝住在一個簡陋的老房子，年久失修，下雨漏水，各種設備經常故障。有一次屋內水管壞了，他修了好久都沒修好，結果水管突然直接崩掉，到處噴水，整間廁所都水漫金山了。

大多數人面對這種情況，可能會非常生氣和失落，但是程輝說了一句：「那就乾脆脫了衣服拿肥皂洗個澡吧，別把水浪費了啊。」這就是反脆弱能力——從不確定性中獲得收益。

這個概念源自塔雷伯（Nassim Nicholas Taleb）的《反脆弱：脆弱的反義詞不是堅強，是反脆弱》（*Antifragile: Things That Gain from Disorder*），書中有許多關於反脆弱的理論和案例。

我們所生活的世界其實非常脆弱，有許多不可控的因素存在。書中提到一個反脆弱的經典案例，是關於一對兄弟在遭遇金融危機之後的故事，驗證了一個觀點：許多中產階級都在抱怨養育子女、房貸、養老、醫療等帶來巨大的壓力，工作是他們安身立命的根本，而現在愈來愈明顯的趨勢是：中產階級的工作也不再穩定。

約翰和喬治是一對雙胞胎兄弟，約翰多年來都在銀行任職，有一份看起來很穩定的收入，還有其他福利。喬治是一名計程車司機，在許多人眼中看來，計程車司機確實由於天候等不確定因素，收入看似沒有銀行工作穩定。

但真的是這樣嗎？

事實上，都市白領在日復一日的重複性工作中，能力就止步於所從事的工作本身，對組織有極強的依賴性，一旦風險來臨，能夠對抗風險的能力非常薄弱。

　　如果你在銀行櫃檯工作十年，所熟悉的也就是櫃檯的操作，一旦失業，你的能力就很難在其他地方派上用場。

　　再加上長期以來的安逸和身分優越感，也很難放下身段從事另一項薪資相對微薄或不那麼體面的工作。

　　但對於計程車司機而言，原本就生活在不穩定當中，因此抵禦變化、對抗風險、承擔壓力的能力，會比都市白領強得多，沒有任何事情能一下子切斷他們的收入來源。

　　因此，穩定都是相對的，不確定性才是常態，而我們面對不確定性，就要有足夠的風險意識，並且善於從不確定性中獲得收益。

　　許多體制內的工作看似「穩定」，但非常容易產生個人的惰性和對組織的高度依賴，一旦風險來臨，不只無力對抗外界的風險，也無法適應外部的社會。離職後才發現，在「穩定」溫水煮青蛙的環境，自己已經與外部世界脫節。

　　我以前在國企也遇到類似的困境。在開始工作的前幾年，工作量不那麼大，部門事務也不屬於核心業務範疇，因此對於整個公司經營和管理的理解都處於表面的層次，後來我主動申請調任到核心單位任職才發現：想要了解最核心、最有價值的事情，想要加速成長，就必須要站在漩渦的中心。

　　因此，在這個變幻的世界，一定要讓自己能夠與時俱進地不斷學習，了解新的知識和時代發展的趨勢，不斷精進，這是最重要的反脆

弱技能。

最典型的就是我們的工作。

也許工作非常無聊瑣碎，但也要盡量讓自己能夠在工作中有所成長，即使只有一點點也是非常有意義。

就如同稻盛和夫所說，工作是最好的修行，任何工作都會有其意義所在，只要願意花心思鑽研、提升自己。

無論在任何處境下都要有憂患意識，始終保持自己的核心競爭力，這是對抗脆弱性的關鍵。

3. 成長心態：只要有成長，就是最大的收穫

接下來要說明成長心態，這也是整個「成長系統」最重要的一個概念。

這個概念來自於美國心理學教授卡蘿·杜維克（Carol Dweck）的《心態致勝：全新成功心理學》（*Mindset：The New Psychology of Success*），書裡有一段話讓我很有感觸。

一位助理教練曾經給一個球員這樣的建議：「當教練叫你混蛋的時候，你不要理他。但當他對你說為什麼你是一個混蛋的時候，你要仔細聽。你可以透過這樣的方法愈變愈好。」

這就是典型的成長心態。

通常，人會存在兩種思維模式，一種是定型心態，另一種是成長心態。

定型心態：認為人的才能一成不變。這種執念會使人總是想證明自己的智力、個性和特徵，因此會把最終的結果視為衡量自己能力和

價值的標準。

成長心態：認為人的能力可以經過後天努力培養。雖然人的天賦、性格有所差異，但都可以透過努力和經歷而改變。

我們可以透過定型心態與成長心態的比較來看兩種思維模式的不同。遇到挑戰時，擁有定型心態的人會想辦法逃避；而擁有成長心態的人則勇於面對挑戰。

遇到阻礙時，擁有定型心態的人由於害怕失敗，為了自我保護更傾向於放棄；而擁有成長心態的人，則以學習和成長為目標，在挫折中成長，即使失敗也會繼續堅持。

定型心態與成長心態

思維模式	定型心態	成長心態
	產生表現自己聰明的欲望	產生學習欲望
遇到挑戰時	避免挑戰	迎接挑戰
遇到阻礙時	自我保護 / 輕易放棄	面對挫折，堅持不懈
對努力的看法	努力不會有結果 / 帶來更壞的結果	認為熟能生巧
對評價的看法	忽視有用的負評	從批評中學習
他人成功時	對自己造成威脅	從他人成功中學習
結果	早早停滯不前，無法取得原本應取得的成果	獲得很高的成就

擁有定型心態的人，認為如果一件事很困難，那麼努力也不會有好結果，甚至隨後的失敗會讓自己更加丟人或產生挫敗感；但擁有成長心態的人，會把努力視為精進自我的最佳路徑，現在雖然看起來笨拙，但不代表自己會持續如此。

擁有定型心態的人，會過分在意外界的評價，更傾向於聽好話，常常忽視有價值的負面回饋；而擁有成長心態的人，則更樂意接受批評，能夠從批評中不斷學習和成長。

擁有定型心態的人，面對他人的成功，會覺得這是對自己的威脅；而擁有成長心態的人，則會從他人的成功中努力學習，獲得靈感。

這兩種思維模式，會導致兩種截然不同的結果：擁有定型心態的人會早早沉浸在自己的「豐功偉業」，陷入成長停滯；而擁有成長心態的人則會不斷學習，持續成長，發揮足夠的潛力，進而取得更高的成就。

當然，我們現在知道成長心態，明白學習和成長的重要性，決定要擁抱變化，持續進化，並不表示就能夠瞬間讓自己變成一個具有成長心態的人。

而且，成長心態和定型心態在一個人身上通常是同時存在的，對於某些事，我們可能是成長心態，但是在其他事又會回到定型心態，這必定是一個不斷修煉的過程。

那麼，如何培養成長心態呢？

❶要有改變的勇氣

有一個寓言故事，故事中的猴子想要變成人，需要砍掉尾巴，於

是猴子決定砍掉尾巴。動手前，猴子被三件事情困住了：

（1）砍尾巴會不會很痛？

（2）砍了尾巴之後，身體還會不會像現在這麼靈活？

（3）捨不得跟隨自己這麼久的尾巴。

說起改變，困住我們的也不過就是這三件事情：

（1）改變讓我們痛苦。

（2）改變讓我們覺得有風險。

（3）我們對過去的自己依依不捨。

改變並不是容易的事情，許多觀念、想法、認知在大腦裡存在多年，改變會痛苦，這是一定的，需要和自己的局限、脆弱、恐懼、未知抗爭。但是不改變，就會一直被困在原地，跟自己的舊習糾纏。與其痛苦一輩子，不如痛苦一陣子。

在成長的路上最大的敵人就是我們自己。

改變就是不斷地挑戰自己的舒適圈，這個過程一定會不舒服，因為在每一次的挑戰，我們所做的都是不熟悉的事情，總會遇到許多的挫折和失敗，只能一次又一次地面對，跨越之後才會有更好的開始。

❷不要在意他人評價

在動畫電影《哪吒之魔童降世》，哪吒有一句直擊人心的台詞：「我命由我，不由天！」

哪吒的這句話，既是說給被世人評價壓得無法喘息的敖丙所聽，同時也是說給自己聽。

為什麼這部電影會獲得如此高的評價？製作的精良、故事的精彩、

創作的全情投入固然重要，但最令觀眾動容之處，可能是電影透過哪吒所展現的內在核心力量：拋開世俗眼光，勇敢地做真實的自己。

無論做任何事、任何選擇都要遵從自己的內心，因為沒有任何人能代替我們感受，能替我們的人生做決定。我們要做一個有選擇權的人，千萬不要把這個權利交給其他人。

其他人在評判和看待我們的時候，可能會帶著主觀情緒，當我們開始不在意他人的評價，無論評價是好是壞，都不影響我們做出自己的選擇時，才是成長的開始。

塑造成長心態，需要我們在做任何事情時的出發點，都是先思考這件事能不能讓自己獲得成長。

想明白這一點，其他人的評價真的不重要。如果仍然在意他人說什麼，那一定是在潛意識裡認同其他人所說的事，只有我們真正強大了，才可以無懼於任何言論。

❸遠離玻璃心

許多人知道喬丹（Michael Jordan）是歷史上最偉大的籃球巨星，卻不知道他一路走來背後的故事。

在高中籃球隊時，喬丹其實並不被看好，甚至被校隊所淘汰。

被淘汰那天他很傷心，沮喪地回家向母親傾訴，而他的母親只說了一句話：「那就回學校好好訓練。」喬丹覺得母親不理解他，依然情緒低落，找了許多藉口，解釋自己遭到淘汰的原因。

但無論喬丹說什麼，母親依然只有一句話：「那就回學校好好訓練。」

慢慢地，喬丹開始意識到，母親的這句話聽起來很不近人情，但卻是最有力的回應。既然被淘汰的事實已經發生，那就代表自己還不夠好，找再多藉口也是徒勞，而更應該做的就是：回學校好好訓練。

只有好好訓練，提升自己的球技，才能重新回到球隊，**繼續擁抱**自己熱愛的籃球。

從那天起，他每天早上不到六點就出門到學校練習，他知道自己的防守偏弱，就刻意訓練自己的防守技能，為了提高自己的投籃穩定度，不斷地練習、練習、練習。如果輸了比賽，他還會在賽後加練。即使贏了比賽，他也會分析比賽影片，對自己不滿意的地方進行調整，制定訓練計畫。

後來一飛沖天的故事大家都知道了，喬丹在職業生涯中，拿下了六屆 NBA 總冠軍、總決賽 MVP，五屆 NBA 例行賽 MVP，十四次入選 NBA 明星賽陣容。但這些輝煌的背後，是喬丹不知疲倦的練習。

1999 年，他從芝加哥公牛隊退役，但時隔兩年，他加入華盛頓巫師隊，二次復出。而此時，喬丹已經三十八歲了！

由於年齡的緣故，喬丹的體能和靈活性已大不如前。許多人發出質疑，覺得「他已經老了」。

但喬丹依然遵循著母親的那句話：那就好好訓練。

為了彌補體能的缺陷，他更加注重協調性和動作的訓練，在場上則以老大哥的角色帶領小兄弟們團隊合作，依然保持著良好的狀態。

在華盛頓巫師隊的兩年期間，他作為一個年近四十歲的老將，竟然在 NBA 賽場上依然能夠達到平均得分二十分的明星級水準！

對於自己的成功之道，他曾說：「在我的職業生涯中，我有九千

多次投籃未中。我輸掉了大約三百場比賽。在二十六場比賽中，我在最後關頭的投籃將決定比賽勝負，但我沒有投中。我在一生中一次又一次失敗。那正是我成功的原因。」

沒有人是天生的勝利者，每個人都曾經歷過挫折與失敗的打擊，也沒有人天生就會演講、寫文章、彈琴、寫詩、繪畫，都是經過無數的練習，才能夠有所成就，而失敗愈多的人，成就反而愈大。

一輩子沒有失敗經驗的人，反而不會有所成就。擁有定型心態的人，總認為自己比較聰明，懂得趨利避害，但卻因為這些小聰明而喪失許多成長的機會。

「困難是上帝給人們最好的禮物」，沒有經歷過苦難與挫折的人，猶如溫室的花朵，不堪一擊。沒有失敗與挫折經歷的人，不了解失敗與挫折其實沒有想像中可怕，反而可以因為多次的失敗，讓自己的人生愈走愈順。

本章知識覆盤

1. 我們的人生有九成的事情，結果都是由我們面對事情的心態而決定，也就是說，我們擁有對這個世界的掌控權。

2. 關於反脆弱，想要獲得高成就，最重要的就是能夠在逆境中擁有反彈的能力，而且還要從不確定性中獲得收益。

3. 屏棄定型心態，擁抱成長心態，利用一切機會讓自己成長，即使過程痛苦，結果不如預期，但只要我們有所成長，那就是最大的收穫。

第 15 章
成長進化
人生的終極目標是終身成長

之前我從思維理念、方法工具、行動策略等多個方面，說明了如何讓自己變成一個自律的人。而在本書最後一章，我想再次回到第 1 章的主題，談談人生。

在我二十幾歲的時候，對於「人生感悟」並無特別感受。愈是年輕氣盛的時候，就愈覺得自己早已經洞察世事，但其實，我們對於真實的世界一無所知。

人在年輕的時候面對的世界太簡單，遇到的挫折也不夠多。我有一群交情很好的朋友，從小就玩在一起，從老家一路到北京，依然定期聚會。而我也經常不自覺地充當知心大哥哥的角色，可能是因為我比較早結婚生子，他們碰到的許多問題我都提前遇到，而只有經歷這些困難和挫折，才能從中獲益，有所成長。

在這個過程當中，我們討論的問題也逐漸有所變化，從一開始談學習、談愛情，到後來談婚姻、談婆媳關係、談教育、談賺取財富，慢慢地，有一個在以前看來簡直不可理喻的話題出現了：人為什麼要活著？

在第 1 章內容也討論過：我是誰？我的人生使命到底是什麼？我的人生基本法應該怎麼寫？不知道你是否有過同樣的困惑。

而這些困惑，在我們集體進入三十歲之後，一下子成為熱門話題，大家被各式各樣的壓力所困擾，這些壓力非常令人沮喪，沮喪到有時候一起床想到有這麼多事情需要處理，有這麼多責任需要承擔，就開始疑惑：人到底為什麼要活著，活著的意義又是什麼呢？

你不用擔心，這不是一個或一群抑鬱者的困惑，我想對於每一位開始逐步接受生活壓力的洗禮，開始承擔一個成年人責任的人，這個問題的出現是一種必然。

以我現在的年齡和閱歷，一定無法給出一個絕對正確的答案，但有一點我非常相信，就是：**我們對於人生意義的追尋，一定有階段性。**

在某一個階段，我們的人生意義可能是 A，過一陣子可能是 B，再後來變成了 C，而這個意義的追尋過程，答案的改變過程，其實都在表示：自己正在發生改變。

正因為我們變了，所以我們對於人生意義的答案也就有所改變。

這些改變可能是正面的，也可能是負面的。簡單地說，就是一個人可能會愈來愈好，也可能會愈來愈壞。

以前，我覺得人生就是應該「節節高」，但慢慢發現，許多人的人生都是一條拋物線。十年前，這些人看起來過得不錯，但是因為各種的原因，生活開始敗落，如同一條拋物線，從高峰直接往下掉。

而這些人對於人生意義的追尋，也慢慢變得淡漠，甚至放棄。

因此，我目前對於人生意義的理解就是：**持續進化，終身成長。**只有持續進化，不斷成長，才會讓自己變得更好，至於其他的時間自

由、財富自由、親情、友情，還有我們的富足人生，才會隨著我們自己的強大而紛至沓來。

當人生的目標聚焦於個人的終身成長，其他的所有事物則都是附加而來。

我們在判斷任何事情時，只需要問自己，這件事對我的成長有沒有幫助，是不是能夠累積我的成長經驗，即使這件事是困難的，沒關係，因為我們追求的最大意義，就是能不能持續成長，這其實也是我們之前所說的「成長心態」。

要如何做到呢？當然，自律是最重要的因素。

關於自律主題，前面的篇章已經有相當多的篇幅說明，在最後一章，我把最想表達的話語濃縮凝聚成三組關鍵字，也以這三組關鍵字作為本書的結尾，希望能夠對你有所啟發。

1. 趴下

大家都說，站直了別趴下，但我為什麼要請你趴下呢？

「趴下」其實是一種姿態，一種渴望成長、持續進化的態度。就像賈伯斯所說，我們要「求知若飢，虛心若愚」。

在第 2 章強調「保持極度開放」這個概念，其實就是提醒我們永遠要以一種謙卑的姿態來面對這個世界。因為只有趴下，才有可能看到這個世界的全貌；同時，趴下也會讓人變得更有敬畏感，更能夠放下分別心，拋棄偏見，這樣才能夠更好、更全面地領略身邊的精彩。

以下我要從兩個方面來說明趴下這件事，同時也是生活常見的兩個場景。

❶學習

要終身成長，就一定要終身學習。而學習過程最基本的一件事，就是趴下。

我們要以一種學習者的態度來面對那些知識，無論是學生還是已經進入社會的職場人，或是創業者，我們都要對學習這件事情保持趴下的狀態。

我在辭職之後，陸續和一些主管、同事吃飯，當我跟大家說我要創業的時候，有的人會鼓勵我，但更多的人都建議我再想想：「別這麼冒險，外面的世界不好混啊！」

當然，對於這些人我都非常感謝，無論是鼓勵還是勸阻，他們都是從朋友的角度希望給我有用的建議。

但是我也發現一個有趣的現象，那些在公司表現優異、晉升快速的人，幾乎都鼓勵我出去闖一闖，而那些建議我再想想的人，幾乎都是如他們所說的，在公司裡就是「混日子」。

我試圖跟他們說明自己創業的方向，同樣獲得兩極化的回饋。

那些優秀的同事會表現極大的興趣，想辦法多聽我對產業的理解，而且也想自己試一試；另一部分的同事則覺得這件事風險太大，幾乎沒有任何想要學習的欲望。

因此，我們是否樂意學習，決定了我們是否可以實現成長。而多年來的傳統教育環境則讓人形成一種畸形的學習慣性，使人更傾向於學習那些不得不學、由他人安排的事情。

就像我們在學校的時候，大多數的課程都是不得不學，那些我們感興趣的事物，也慢慢地被學業所占據，長期下來就讓人失去主動學

習的能力。

有人為我安排，那我就去學，就去做，如果沒有安排，我又何必學呢？

尤其是進入社會之後，已經不再像從前一樣有老師、家長逼著學習，全靠自覺，這個時候，主動積極、持續學習的人就會冒出頭來，成長得更快，因為他們知道，只有不斷學習，才能使自己持續進化。

❷社交

我們很喜歡用「情商」來評價一個人在社交中的能力水準，情商高低的判斷標準和視角有很多，那麼有沒有一個通用的準則呢？我覺得有，那就是：**在和其他人往來的過程，是不是以一種「趴下」的姿態來對待他人。**

這裡的趴下，並非表示我們要低人一等或是刻意討好、拍馬屁，而是在與他人往來的時候，能不斷地挖掘對方的優點，而不是以俯視的姿態，總想著從對方身上找碴、挑毛病。

我們可以做一個測試：你有沒有一些很討厭的人？不管對方是同事、主管還是朋友，我猜一定會有。

但是，接下來你以「趴下」的姿態或是以「非趴下」的方式面對這個討厭的人，將會對你造成完全不一樣的影響。當你願意以趴下的狀態和對方往來時，需要挖掘對方的優點，這時候你一定會覺得這人這麼討厭，哪有什麼優點？但這時你一定要強制自己去挖掘。

當你以非趴下的狀態和對方往來時，會不自覺地挑剔對方的毛病，甚至會找出更多令你討厭的地方。

既然我們做任何事的出發點都是關注自己是不是有所成長，那麼，我們再回到這兩種方式，哪一種才能夠帶來成長呢？

很顯然地，以非趴下的方式找碴，更多的是情緒發洩，但在發洩之後，對自己有用嗎？對成長有幫助嗎？一定沒有。

而如果是以趴下的姿態挖掘對方的優點，就一定會從這個令人討厭的對象發現許多值得學習之處，雖然對方令人討厭，但是也讓你學到許多，只要是能讓自己有所成長，那就有意義。

當我們放下社交的偏見，主動放低姿態，只會帶來更多的正面力量，而不是無謂的抱怨和負面情緒。

2. 行動

在之前的「行動系統」雖然已經重點說明行動主題，但在這裡我想從終身成長的角度來分析行動這件事，以下從三個方面說明，也分別對應三個自我提問：

❶你對一件事有沒有熱情或興趣？

興趣是最好的老師，這句話我覺得應該換一個表達方式：**興趣是最好的入門老師**。

我們主動去做一件事情，多數緣由來自於興趣，有意願、有熱情去做，我們可以因為興趣而入門，開啟一個入門的動作。

這種興趣就是人的好奇心，如果你是一個喜歡接觸不同事物的人，是一個興趣廣泛的人，這會對你的個人成長非常有利。

因為，你會比其他人更有可能走進一個陌生卻有價值的領域，打

開不同的門。

許多人把自己封閉起來，就像把自己關進了牢籠，對什麼都提不起興致，也就自然地失去各式各樣的機會，如果看不見機會，又怎麼可能抓住機會呢？

因此，保持好奇心對於我們而言是一項非常寶貴的本質。這也是我經常刻意提醒自己的事，我始終認為，所謂「年輕」，並不只是指年齡，更重要的是心態，要以一種年輕的心態來對待這個世界，保有對這個世界的好奇心，不放棄與這個世界的新事物有所連結。

一輩子有太多好玩的事情了，為什麼不行動起來，去做做看呢？當開始去做的時候，就是開啟新一輪成長的機會。

❷你在做這件事的時候，有沒有遇到困難和瓶頸？

很遺憾地，當我們產生興趣並開始行動，很快就會遇到困難和瓶頸，接下來會來到分岔路口，其中一條路是放棄，另一條路是堅持。

為什麼放棄？因為難啊，興趣只會帶領入門，入門時一定很簡單，讓人快樂大於痛苦。

但是，當我們真的決定要靜下心持續深入的時候，就會發現：幾乎任何事情都像冰山一樣，深不見底。

也就是說，我們要從業餘愛好者的程度提升到專家水準，過程中一定有許多困難和瓶頸。

這個時候行動就變得非常重要，是要繼續前進，還是乾脆休息不玩了？此時行動的差異，就來自於我們對終身成長的理解，也就是第14章所提「成長心態」和「定型心態」的差異。

擁有成長心態的人，在開始行動時就知道，事情一定沒有那麼簡單，一定有許多未知的挑戰，但是具備成長心態的人會選擇勇敢地面對挑戰，並想辦法克服與解決；而擁有定型心態的人則會認為，這些挑戰與困難的出現，是由於自己沒有天賦，時機不對，實在無法搞定，於是就選擇放棄。

終身成長的人始終都在持續行動，無論是走在人生路的上坡或下坡，他們知道，持續行動就有機會，一旦停止就只會跌落谷底。

❸你在成功完成事情之後，是不是願意結束這件事？

如果你的行動有了效果，取得了成績，達成了目標，當你成功完成這件事之後，你願意結束這件事嗎？

或者換一句話：「你願意坐吃山空嗎？」

人的欲望無限，是好事也是壞事。

說是壞事，是因為當欲望大於自己的能力時，會讓人產生極大的焦慮感，如果無法緩解這股焦慮感，便可能對身心造成傷害。

但是，也是好事。

好處可以從兩個方面來說，一方面，正是這種欲望，讓人發現自己的能力仍有進步空間，才會有進一步的行動，持續進化，然後填補欲望。另一方面，欲望也可以視為我們的目標，一個持續膨脹的目標，代表會引領我們不斷地挑戰。而目標愈大，通常價值愈大，當我們成功達成一件事，到達一個高峰的時候，欲望的膨脹，會讓人想要再繼續征服另一座更高的山峰。

這樣，就會形成一個正向的行動循環，一個不斷成長的循環。

一定要行動起來，別讓自己瞻前顧後，因為一旦行動，身邊的風景就會發生變化，就會出現轉機和不一樣的可能。而這些轉機和可能，就是引領持續成長的新入口。

3. 跨越

我個人特別想跟大家分享這個關鍵字：跨越。

❶人的成長不是線性成長，而是非線性成長

大家常提到，財富累積曲線並非線性成長的曲線，而是累積到一定程度後，會發生指數型成長。

我們的自律行動也是如此，透過持續行動而獲得指數型成長的回報，只不過這類回報需要時間。

但在持續的過程中我們需要反思：有哪些行動持續了很久卻依然無效，一直沒有回報，始終無法感受到自己的成長？

就像第 13 章所提的低階循環動作，那位很自律的警衛室職員，他的行動根本不能稱為有效行動，只不過是一種行動和努力的假象，終究是在浪費時間而已。

那麼，要如何破除這種無效成長呢？答案就是：**尋找人生的第二曲線，並且勇敢地跨越過去。**

也就是找到一條有更大的可能達成非線性成長的曲線。

《創新的兩難》（*The Innovator's Dilemma: When New Technologies Cause Great Firms to Fail*）書中提到一個概念，就是「第二曲線」，我來說明一下這個概念。

經濟學家熊彼得（Joseph Alois Schumpter）曾經說過：無論你把多少輛馬車相加，都無法得到一輛火車。

我們只有從馬車跳到火車的時候，才能取得十倍速的成長。而所謂第二曲線，就是那輛火車，那輛能夠讓人達到十倍速成長的曲線。

以 Netflix 為例，Netflix 創立之初是經營 DVD 租賃業務，客戶付費以電子郵件訂閱 DVD，Netflix 郵寄 DVD 給客戶。這樣的模式也成為 Netflix 的第一曲線。

後來這條業務線做得非常大，利潤也很豐厚，但是在經歷過快速成長階段之後，成長速度明顯趨緩。此時，Netflix 創辦人海斯汀（Reed Hastings）開始尋找 Netflix 的第二曲線，也就是後來大家都知道的串流影音平台服務，《紙牌屋》等經典美劇就誕生於 Netflix。

海斯汀花了非常多的資源和精力，不惜成本將第一條業務線賺取的利潤全數投入用於構建新業務線，當時的串流影音服務還是一條不賺錢的業務線，但是他對這件事非常篤定的主要原因是：

這條業務線的用戶是呈現指數型成長的狀態，即使還沒有獲得大量可觀的利潤，甚至虧損，但是只要用戶成長，就說明這件事是有其意義。

當然，後來的事情我們都親眼見證了，海斯汀也從當年被評為全球最差的創辦人，搖身一變成為當下炙手可熱的企業家。

以上我以企業為例說明第二曲線，現在再回到個人的部分。

❷不要放棄尋找自己的第二曲線

在此我特別想跟大家分享一個觀點：就是無論做任何事情，都不

part
5

第 15 章 ｜ 成長進化 ｜ 人生的終極目標是終身成長 279

要放棄尋找自己的第二曲線。

第二曲線的範圍很廣，包括人生方向的選擇、事業的選擇，也包括我們行動的具體方法和策略，即使是簡單地閱讀一本書、寫一篇文章，都要有「尋找第二曲線」的思維。

我來舉幾個現實生活中的例子，這樣能夠更簡單地理解。

例如，關於人生方向的選擇。我個人辭職創業是一次人生的重大調整，其實就是在尋找人生的第二曲線。原來我在國企的人生，是一條看起來平穩但無法達到指數型成長的人生，是能夠看到天花板的曲線，因此，我選擇去尋找更有可能達到指數型成長的曲線。

關於工作。如果我們所在的部門無法接觸到核心業務，無法讓自己獲得更快的成長，那麼，是不是可以考慮跨越到另一條曲線，換個部門，換個環境？

如果，我們是一位專案經理，每天需要做許多決策，那麼每一次決策時，是不是都要問問自己，有沒有更好的路徑，更好的方法？

關於閱讀和寫作。當我們看一本書，選書的時候，有沒有想過，要盡可能選擇一本不浪費時間、更有價值的書？或是在閱讀的時候，覺得速度太慢，吸收不好，有沒有試著尋找第二曲線，一條能讓閱讀能力提升的曲線？

當我們寫一篇文章，現有的寫作方式總是無法達到投稿的要求，那麼是不是該停下來，反思到底問題何在，然後換一種風格，換一種方法，換一條曲線繼續嘗試？

回到關於自律，我們同樣可以思考：現在的行動日誌範本，有沒有優化的可能？能不能制定屬於自己的範本，讓這件事做起來更順暢、

更有效果？OKR 覆盤，是不是還有更好的覆盤方式？參加社群活動，能不能有更好的辦法和優秀的人產生更緊密的連結？

幾乎我們生活中的所有事情，都可以嘗試運用「尋找第二曲線」的理論。當我們跨進那條第二曲線的時候，就會發現：**與其更好，不如不同。**

與其在已經看到天花板的第一曲線中糾結和努力，不如換個思路，以不同的方式尋找第二曲線，去嘗試、跨越，可能會有不一樣的精彩。

本書最後一章的內容乍看似乎與自律的關係不大，但歸根究柢還是那句：自律不是我們的目標，自律只是我們達成目標的手段。

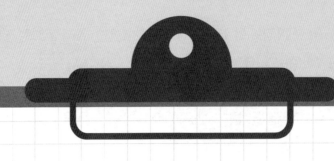

本章知識覆盤

關於人生的意義，我目前的答案是：持續進化，終身成長。
在這個基礎之上，可以從三個方面思考：

1. 趴下：以一種仰望的姿態，保持極度開放。

2. 行動：主動積極地迎接挑戰，持續行動，這樣才能看到
   曙光。

3. 跨越：尋找人生的第二曲線，那條能夠讓人實現指數型
   成長的曲線。

　　閱讀到這裡，我想你應該已經對自律這件事有了新的認知。如果說一定要為本書加一個結尾，我想說：**請一定要忘記「自律」這件事。**

　　你可能會疑惑，一本關於自律的書，最後卻要大家忘掉自律？

　　沒錯，比起大家過往經歷的生活，以及希望未來擁有的人生，「自律」一詞只是其中的一個註腳而已。

　　我經常舉辦課程和行動營而與許多力求成長的學員有所接觸和溝通，每次課程最後都會蒐集大家的回饋：「哪個主題課程讓你感觸最深？給你最多震撼？」

　　幾乎九成的學員都會選擇如本書「動機系統」篇章的相關內容，也就是：**撰寫自己的人生基本法，找到人生使命和目標，透過自律，實現富足人生。**

沒錯,《轉動自律飛輪:不費力完成最想做的事》和市面上大多數自律主題的書籍不一樣,我在書中談方法論,給予操作指導,同時也輔以數據和案例,但是最根本的不同在於:我希望讀完本書的讀者,不是握著拳頭興奮地說:「我要自律!」而是可以心如止水且堅定地告訴自己:「**我的目標,不是自律,而是可以透過自律,實現富足人生的目標。**」

────────

　　曾經有一位學員向我諮詢。她畢業於一所知名的藝術類院校,之後從事繪畫工作,年紀輕輕就已經在業內小有成就。

　　不過她對自己的狀態很不滿意:生活不規律,幾乎日夜顛倒,工作時超級專注,但生活卻總是混亂無序。即使她憑藉著對繪畫的熱愛和勤奮獲得同輩之間人人稱羨的成績,但是,她過得很鬱悶、很痛苦。

　　在她的認知,工作上的成就固然讓她欣喜,但是她受不了自己在工作之外的極度「不自律」。

　　她想早睡早起,她想跑步健身,她想每分每秒都井然有序地度過,她希望自己也能夠成為一個非常自律的人。

　　而我給她的建議就是:忘記「自律」這件事,先聽聽自己內心的聲音。

　　我問她:「你覺得,每天早睡早起會開心嗎?」

她說：「不會，因為會打亂我創作的節奏。」

我接著問：「你覺得，每天過得井井有條會開心嗎？」

她說：「不會，混亂的狀態反而會給我靈感。」

我再問：「你覺得，每天最開心的時刻是什麼？」

她回答：「就是創作，創作的時候，雖然痛苦但依然最開心。」

我最後問了她一個問題：「你覺得，自律重要，還是創作重要呢？」

她思考了一會兒回覆：「Kris 老師，我知道怎麼做了。」

───────

她後來的故事，我在結尾會說，但是，在那一刻，關於自律，她一定想通了：**自律不是目標，而是實現目標的工具。**

如果，那些所謂的形式化自律打亂我們的節奏，破壞我們的狀態，甚至剝奪我們實現目標的決心，那麼，自律就會變成我們的束縛。

自律得自由，這句話依然沒錯。想要獲得自由的狀態，就必須面對問題，延遲滿足，承擔責任，自律地面對這個世界。

但是，自律這件事，並沒有標準答案。如人飲水，冷暖自知。

我們無法定義自律到底是什麼型號、什麼尺寸，是高是低、是大是小，一旦把自律變成標準化的流程，變成如生產線的狀態，那麼，這個世界也太過於單調了。

關鍵是：**要達成什麼目標，要獲得何種成果，要過什麼樣的人生。**

當我們真正專注地將時間和精力投入最熱愛的事情，我們就會自然地變成一個超級自律的人，而這種自律一定會有身體上的辛苦，但絕沒有心理上的痛苦。

━━━━━━━━

再回到那位學員後來的故事：在那次談話之後，她選擇放棄對「形式化自律」的執念，轉而全心地投入自己的事業。她依舊晚睡晚起，吃外賣，不運動，每天把自己關在房間裡創作。

我時常在微信朋友圈看到她發出的一幅幅作品。

有一天，她突然發了一條微信給我，是一張她跑步十公里的配速擷圖，還有一段文字：「Kris 老師，我也開始跟您學習跑步了，也不熬夜了，因為我發現，如果想要好好地創作，必須讓自己的身體狀態夠好，那些透支換來的靈感，是沒辦法支撐我一直創作下去的。」

我由衷地為她開心。

因為，她真正找到了屬於自己的「自律節奏」。當我們找到那個最觸動人心的人生使命時，當我們想盡辦法要達成自己的目標，當我們不再糾結於自律，甚至忘記自律這件事之後，自律就會自然而然地回到我們身邊。

━━━━━━━━

最後的最後，希望各位讀者也能找到那個讓你熱淚盈眶的使命和目標，不要猶豫，傾盡所能去投入，去努力，去實現。

與痛苦地追逐自律相比，追逐人生目標和幸福，反而更容易讓我們變成一個超級自律的人。

就像我現在，也會焦慮，也會拖延，也會想要偷懶，但是每次一想到自己的人生使命：「以生命影響生命，以行動啟迪行動，讓更多的人擁有改變自己的力量！」我的內心就會充滿使命感和力量感，即使再苦再累，也會充滿能量地繼續前行，努力工作。

忘記自律，不是放棄自律，而是把關注點聚焦於我們想要做的事情，當渴望夠強烈時，自律就會成為我們最強的武器。

還有一個小小的提醒，那就是，自律的飛輪能否轉動起來，不在於你現在的力氣有多大，現在的速度有多快，而在於你有沒有持續不斷地去推動它，即使只是一分鐘的努力，也是非常大的進步。

我也相信，讀到這裡的你，已經完成轉動自律飛輪的第一步，謝謝你的時間，也期待你更多的自律蛻變！

共勉。

Kris

2022 年 9 月 12 日修於北京

豐富 003

轉動自律飛輪
不費力完成最想做的事

作　　者：Kris
責任編輯：祝子慧
文字協力：黃馨慧
封面設計：乾單
內頁排版：乾單

副總編輯：林獻瑞
主　　編：祝子慧、李岱樺

社　　長：郭重興
發行人兼出版總監：曾大福
業務平台：總經理／李雪麗　副總經理／李復民
實體通路暨直營網路書店組／林詩富、陳志峰、郭文弘、賴佩瑜、王文賓
海外暨博客來組／張鑫峰、林裴瑤、范光杰　　特販組／陳綺瑩、郭文龍
印務部／江域平、黃禮賢、李孟儒

出　　版：遠足文化事業股份有限公司　好人出版
發　　行：遠足文化事業股份有限公司
地　　址：231 新北市新店區民權路 108 之 2 號 9 樓
電　　話：02-2218-1417
傳　　真：02-8667-1065
電子信箱：service@bookrep.com.tw
網　　址：http://www.bookrep.com.tw
郵政劃撥：19504465　遠足文化事業股份有限公司

法律顧問：華洋法律事務所　蘇文生律師
印　　製：中原造像股份有限公司

初版一刷：2022 年 10 月 13 日
定　　價：420 元
ISBN：978-626-96405-6-0
EISBN：9786269640577 (EPUB) / 9786269640584 (PDF)

國家圖書館出版品預行編目（CIP）資料

轉動自律飛輪：不費力完成最想做的事
Kris 作 . -- 初版 . -- 新北市
好人出版：遠足文化事業股份有限公司發行, 2022.10
面；　公分 . --（豐富 Rich；3）
ISBN 978-626-96405-6-0（平裝）

1.CST：自律　2.CST：自我實現

177.2　　　　　　　　　　　　　111013939

讀者回函 QR Code
期待知道您的想法